北大学术讲演丛书

理一分殊与全球地域化

刘述先 著

图书在版编目(CIP)数据

理一分殊与全球地域化 / 刘述先著. — 北京：北京大学出版社，2015.8
（北大学术讲演丛书）
ISBN 978-7-301-25126-3

Ⅰ.①理… Ⅱ.①刘… Ⅲ.①儒学－文集 Ⅳ.① B222.05-53

中国版本图书馆 CIP 数据核字(2014) 第 278439 号

书　　名	理一分殊与全球地域化
著作责任者	刘述先　著
责任编辑	黄敏劼
标准书号	ISBN 978-7-301-25126-3
出版发行	北京大学出版社
地　　址	北京市海淀区成府路 205 号　100871
网　　址	http://www.pup.cn　新浪微博：@ 北京大学出版社 @ 培文图书
电子信箱	pkupw@qq.com
电　　话	邮购部 62752015　发行部 62750672　编辑部 62750112
印 刷 者	三河市国新印装有限公司
经 销 者	新华书店
	650 毫米 ×980 毫米　16 开本　14.25 印张　195 千字
	2015 年 8 月第 1 版　2015 年 8 月第 1 次印刷
定　　价	38.00 元

未经许可，不得以任何方式复制或抄袭本书之部分或全部内容。
版权所有，侵权必究
举报电话：010-62752024　电子信箱：fd@pup.pku.edu.cn
图书如有印装质量问题，请与出版部联系，电话：010-62756370

目 录

序……………………………………………………汤一介 3
前言……………………………………………………………9

现代新儒学发展的轨迹………………………………………1
理一分殊与全球地域化………………………………………16
论超越与内在的回环…………………………………………41

＊　＊　＊

论孔子思想中隐涵的"天人合一"一贯之道
　　——一个当代新儒学的阐释………………………57
先秦儒家之宗教性……………………………………………83
道统的建构与朱子在宋明理学中地位的衡定……………102
论王阳明的最后定见………………………………………118
黄宗羲心学的定位重探……………………………………143

＊　＊　＊

全球意识觉醒下儒家哲学的典范重构与诠释……………169
当代新儒家对西方哲学的回应……………………………192

附录　专书目录……………………………………………212

序

2010年11月,台湾"中央研究院"文哲所研究员、台湾政治大学讲座教授刘述先先生应北京大学儒学研究院等六家单位邀请担任"第十三届蔡元培学术讲座"和"第十四届汤用彤学术讲座"的主讲教授,在北京大学作了题为《理一分殊与全球地域化》和《论超越与内在的回环》的两次学术演讲,受到北大师生的热烈欢迎,大大提高了北大学子对中国哲学和中外哲学比较学习和研究的热情。

我在讲座前一简短的致辞中说:"我和刘述先先生认识已有三十年的历史。原来我是研究佛教和道教的,对儒学没有什么研究,我开始对儒学有点兴趣,也还是在刘述先先生和杜维明先生的影响下开始的。在与刘述先先生的交往中,我逐渐认识到他不仅是一位杰出的中国传统哲学研究的专家,而且他确实在努力促使中国传统哲学成为现代的中国哲学,创造着适应现代世界哲学发展的中国哲学,使之成为促进人类社会发展的一种哲学体系。"这一看法得到广大学术界的认同。

我们和各位"蔡元培学术讲座"与"汤用彤学术讲座"的主讲教授商定,希望他们各自编一本与讲题有关的文集,由北京大学出版社出版。现在我们已经出版了七八种，述先兄的这本是最近将出的一本。这本文集共收入了述先兄的十篇论文（包括他此次在北大的两篇演讲稿）。在述先兄写的"前言"中已把他的十篇论文的主旨都向读者说清楚了。因此，不需我再多说什么，否则会是画蛇添足了。

我认识述先兄已经三十年了，给我印象最深的是1983年夏天在哈佛大学，我与述先、维明有了较多的接触。因而对中国当代新儒家有了一点了解，也对儒家学说产生了兴趣。正巧这年夏天要在加拿大蒙特利尔召开"第十七届世界哲学大会"，为了参加这次会议，我写了一篇《关于儒家思想第三期发展可能性的探讨》。我在会上发言后，述先兄在他写的一篇《蒙特利尔世界哲学会纪行》中有如下一段话："据杜维明告诉我，汤一介本来提议能合写一篇论文，维明觉得自己思想背景和他不同，没有答应他的建议，但等一介的论文完成之后，维明才觉得与他合作写论文不一定有什么太大困难。这次我去哈佛访问时与一介谈，了解他如今正在整理他父亲汤用彤先生的遗稿，并搜集资料出熊十力先生的全集，其中熊著《尊闻录》的原版已通过维明的关系在'时报出版公司'重印出来。汤一介讲完之后，在讨论时间，（台湾）冯沪祥就开门见山单刀直入，问他讲的这套究竟与马克思主义有怎样的关联。汤一介的回答是，在马克思主义与儒家之间至少可以看出三点契合之处：（a）二者都重实践；（b）二者都取理想主义态度；（c）马克思主义有所谓矛盾统一律，过去毛泽东强调斗争，以致产生偏向，如今应该强调和谐，乃和儒家有互相契合之处。"我记得当时还说了这样几句："什么是马克思主义，邓小平说马克思主义就是'实事求是'，我讲的都是'实事求是'的,所以是符合马克思主义的。"为什么我有这样一段话,是我当时仍心有余悸,怕回国后,被人告发为"反马克思主义"。现在,我国的学术环境有了很大的改变,不会再有那样的顾虑了。2010年北京大学儒学研究院成立时,我提出儒学院将开展三个大的研究课题:"中国经学史""儒释道三教关系史"和"儒学与马克思主义"。"中国经学史"已于2011年启动;"儒释道三教关系史"也于2012年启动,但"儒学与马克思主义"一直没有找到项目主持人,原来希望赵敦华教授来主持,但他另有研究课题,不可能再兼此课题了。恰巧今年6月杜维明教授来我家,我谈到儒学院三大研究课题时,说"儒学与马克思主义"因没找到合适的主持人还未正式启动,维明说他愿意承担。对此,我太高兴了,有维明来任此项目的首席专家再好不过。这可以说,它将会成为我们和维明进行实质性合作的开始吧!如果将来有可能我们也很想与述先兄有合作的项目,这当然要看机缘了。

此文集中述先兄研究的论题,我也曾有涉及,如"天人合一""内在与超越""儒学的宗教性"等等。但我的研究多偏重在这些问题对中国历史和实际的意义,不像述先兄深入到这些问题的人生精神境界的本体价值和天地(宇宙)本体理论意义层面,而且述先兄特别关注这两者的统一性,是一而二,二而一的问题。在我读《理一分殊与全球地域化》时体会到述先兄治学的世界眼光。在当前人类社会文明呈现"全球化"的情况下,为什么文化"多元化"更加突显,这可用"理一分殊"来解释。《论孔子思想中隐涵的"天人合一"一贯之道》不仅详尽分析孔子思想中隐涵的"天人合一"思想,而且深入探讨了儒家自孔子以来的心性论、天道论而至儒学所关注的"终极关怀"的宗教性意义等等问题。我在上个世纪90年代也注意到《论语·公冶长》中子贡说"夫子之言性与天道不可得而闻"这段话。我认为，子贡这段话也许恰恰说明"性与天道"问题是孔子特别重视的问题，否则子贡是不可能说出上引的那段话的。述先兄此文，层层分析了《论语》中有关这方面的材料，对大家研究儒家的"天人合一"思想大有帮助。在孔子之后，孟子以及《礼记》中的诸多篇章中多处有论述"天人合一"的材料，因而"天人合一"思想为当前中外学界所关注。例如钱穆先生所写的最后一篇文章《中国文化对人类未来可有之贡献》中说："中国文化中，'天人合一'观虽是我早年屡次谈到，惟到最近始彻悟此一观念实是中国传统文化之归宿。……我深信中国文化对世界人类未来生存之贡献，主要亦在于此。"法国著名汉学家汪德迈在《〈儒藏〉的世界意义》中说："曾经给世界完美的人权思想的西方人文主义面对近代社会已降的挑战，迄今无法给出一个正确答案。那么，为什么不思考一下儒学思想可能指引世界的道路，例如'天人合一'提出的尊重自然的思想……"我们还可以注意到，由于湖北荆门出土的楚简中对"六经"各经之主旨都有说明，其中说到《易》时有这样一句："易，所以会天道人道也"。这是说明儒家自孔子至孟子之间已充分注意到"天人合一"的理论意义了。这问题在述先兄的论文中多有发明。收入本文集中的十篇论文可说篇篇对我们都有启发。

汤一介
2012年8月15日

附

"蔡元培学术讲座"和"汤用彤学术讲座"是为纪念北京大学老校长蔡元培先生和汤用彤先生,由北京大学资深教授汤一介先生分别于1998年和1997年创办。每年由北京大学校长签发邀请函,邀请海内外有代表性、有影响力的人文学者就其所关心的学术文化问题发表演讲。至2011年,"蔡元培学术讲座"和"汤用彤学术讲座"已分别连续举办十三届和十四届,在北京大学校内外已产生广泛影响,并成为北京大学人文学科的一项传统学术文化活动。蔡元培学术讲座、汤用彤学术讲座由北京大学儒学研究院、北京大学《儒藏》编纂与研究中心、北京大学哲学系、北京大学中国哲学与文化研究所、中国文化书院、国风集团有限公司联合主办,并长期得到北大校方和国风集团有限公司董事长欧阳旭先生的大力支持。

前　言

承汤一介教授推荐我到北大作"第十三届蔡元培学术讲座"与"第十四届汤用彤学术讲座"，并编一论集。这是我的殊荣，自乐于应命。我提议讲一介兄和我共同关注的两个论题，蔡元培讲座讲《理一分殊与全球地域化》（这也用作论集的书名），汤用彤讲座讲《论超越与内在的回环》。

论集共收十篇文章，依内容可以分为三个部分。第一部分有三篇文章，直接切入讲演的主题。第二部分有五篇文章，回归传统的资源并讨论其现代的涵义。第三部分有两篇文章，展示具体的例证作典范的重构与诠释。以下再对各篇文章的意涵略作简单的阐解。

开宗明义第一篇：《现代新儒学发展的轨迹》，介绍了现代新儒学"三代四群"的架构，配合上由1920年起每20年为一波总共四波的发展，就可以看到这一思潮的脉动，以及我在当代新儒家第三代第四群的位置。接下来就是我作"理一与分殊""超越与内在"的两个讲座。

然而当代新儒家终必要回归传统儒家的源头活水。儒家哲学的阐发与拓展有三个黄金时代：先秦、宋明与现代。第二部分第一篇率先回归先秦春秋时代对周文疲弊作出回应的孔子。我用《论语》

提供的材料证明孔子的一贯之道不只是曾子所谓的忠恕之道,还隐涵了非人格化、默运于天壤间既内在又超越的"天人合一"之道。

接着《先秦儒家之宗教性》一文,我利用《四书》(论、孟、学、庸)与《易传》的资源,讨论先秦儒学的宗教意涵,确定其为对比于基督宗教的"外在超越"之一种"内在超越"形态的精神传统。

然后跳到南宋的朱熹,面对二氏(老、释)的挑战,建构了道统濂、洛、关、闽的统绪。他的综合以理为只存有而不活动虽不尽理想,而且死时还被诬为伪学。但他到理宗时即得到平反,他的《四书集注》由西元 1313 年到清末 1905 年被用作科举考试的内容与判准,对传统仕人影响之大为孔子以后一人,洵非虚语。1982 年在夏威夷开国际朱熹会议,当今流行的百科全书多有关于他的长条目,显示他在国际上的影响力仍不可忽视。

但科举宗奉的朱子,到明代却受到王阳明的挑战。所谓"程朱理学"与"陆王心学"的对比仅只是过分简单化的标签而已。阳明虽为象山呼冤,仍批评其"粗些",从不加以征引。他编《朱子晚年定论》,虽未解决问题,反而惹起更大争议,至少显示在主观的愿望上,他仍盼望与朱子的睿识得到调和。他的"最后定见"见之于天泉证道的"四句教"。王门后学之"参之以情识""荡之以玄虚",造成重大的流弊而引起反激,却不能完全责怪阳明本人的偏失。

第二部分最后一篇:《黄宗羲心学的定位重探》长文,总结了近二十年来对梨洲研究的成果,重新肯认我 1986 年出版的《黄宗羲心学的定位》一书提出的见解。首先我不同意牟宗三先生的意见,认为刘蕺山的诚意慎独教还能维持超越的层面,黄宗羲却堕落成为"自然主义的气化论"。他以蕺山为最后一位宋明理学家。但我的书证明，梨洲一生忠于乃师所教，虽自阳明以来"内在"的层面加强，但从未完全失落"超越"的层面，故梨洲才是最后一位宋明理学家。

但我最重要的发现是，梨洲的《明儒学案》改变了钱德洪《刻文录叙说》"学三变、教三变"的说法，讲成"前后学三变"的说法。最后一变虽恭维阳明修养工夫到炉火纯青的地步，却无与于教，也无与于学。为何梨洲要做这样的改变呢？原来他要把阳明的致良知教当作"权法"，蕺山的诚意慎独教才可以取代之成为"终教"。我的结论是，《明儒学案》根本不是从王学的视域下写出来的一部书，而是梨洲根据蕺山简择阳明从修正王学的观点写出来的一部书。到了清初，陈确、颜元、戴震才完全失落了超越的层面，造成典范转移的效果。而冯友兰的《中国哲学史》却只看到道学的延续，没有看到"典范转移"的实际情况。故我不同意冯友兰的阐释。梨洲成为无意中终结了一个时代而下开了另一个时代的悲剧性人物。

第三部分又回到当代新儒家的视域。开祖熊十力恢复了"性智"的超越层面的体认；第二代唐君毅、牟宗三、徐复观在精神上继承了这样的睿识，并吸纳西方的科学与民主；第三代的刘述先、杜维明极力维护既内在而又超越的体证，并在全球意识觉醒下作出儒家哲学的典范重构与诠释。

接着《当代新儒家对西方哲学的回应》一文是2011年底我在香港中文大学举行的第九届当代新儒学国际学术会议作的主题演讲。此文明言当代新儒家的主要任务即面对强势的近代西方哲学的挑战作出回应。为了存亡继绝，中华文化的现代化是没有选择的选择，但未必一定要走西方主流的路子。第二代新儒家唐君毅、牟宗三由黑格尔、康德转手,迥异时流之无体、无理、无力,由内在体证超越,挺立道德主体与认识主体。1958年元旦,四位旅居港、台、海外的学者:唐君毅、牟宗三、徐复观、张君劢签署《中国文化与世界宣言》,坚持"道统"维护传统的精神价值以供奉于世界,开拓"学统"与"政统"以吸纳西方的科学与民主。第三代新儒家刘述先、杜维明更与时推移,唤醒全球意识,通贯古今中外,体现"理一而分殊",存异求同,多元互济,才能对人类与地球的永续寄予无穷的希望。

附录备有我个人著述的专书目录作为参考之用。

现代新儒学发展的轨迹

1986年国家教委"七五"规划确定"现代新儒家思潮"为国家重点研究项目之一,由方克立、李锦全主持。[①] 在这一冲击之下,台湾"中央研究院中国文哲研究所"在1993年也开始做"当代儒学主题研究计划",每三年为一期,现在换了个名称,研究还在继续进行中。[②] 海峡两岸展开了良性的学术竞争、交流互动,成绩斐然。从1986年到现在不觉已超过20年,我自己是现代新儒学思潮的参与者与研究者,愿意在这里提出我自己的省思。

1987年9月在安徽宣州首次开全国性会议。经过广泛讨论,首先确定了一个10人名单:梁漱溟、熊十力、张君劢、冯友兰、贺麟、钱穆、方东美、唐君毅、牟宗三、徐复观。后来老一代又补上了马一浮,较年轻一代则加上了余英时、刘述先、杜维明,最后还补上了成中英。正因为一开始大家对"新儒家"并没有一个清楚

[①] 参见方克立:《现代新儒学与中国现代化》,天津:天津人民出版社,1997年。
[②] 参见李明辉:《"中央研究院""当代儒学主题研究计划"概述》,《汉学研究通讯》总第76期(2000年11月),第564—571页。

的概念，过去也很少人用这一个词，所以澳洲学者梅约翰（John Makeham）认为，把"新儒家"当作一个学派，是20世纪80年代以后倒溯回去重新建构的结果，这种说法不无他的见地。① 现代新儒学在90年代忽然成为显学，甚至在西方引起回响。白安理（Umberto Bresciani）出版了第一部全面介绍与研究这一思潮的英文论著。② 他也接受前面提到的那份15人名单。这份名单虽不很理想，却是迄今为止海内外主流意见公认的名单。我就这一条线索，综合各家之说，提出了一个"三代四群"的架构③：

第一代第一群：梁漱溟（1893—1988）、熊十力（1885—1968）、马一浮（1883—1967）、张君劢（1887—1969）。

第一代第二群：冯友兰（1895—1990）、贺麟（1902—1992）、钱穆（1895—1990）、方东美（1899—1977）。

第二代第三群：唐君毅（1909—1978）、牟宗三（1909—1995）、徐复观（1903—1982）。

第三代第四群：余英时（1930— ）、刘述先（1934— ）、成中英（1935— ）、杜维明（1940— ）。

把这个架构与现代新儒家思潮的四波——由1920年开始，每

---

① Cf. John Makeham. "The Retrospective Creation of New Confucianism", in *New Confucianism: A Critical Examination*, edited by John Makeham（New York: Palgrave Macmillan, 2003）, pp.25—53.

② Umberto Bresciani, *Reinventing Confucianism: The New Confucian Movement*（Taipei: Taipei Ricci Institute, 2001）.

③ 参见刘述先：《现代新儒学之省察论集》，修订版，台北："中央研究院"中国文哲研究所，2005年，第137—138页。

20年为一波——发展配合起来,就可以把握到这一思潮的脉动。

首先要对所用的名言作一简要的概说。"儒家"一词有诸多歧义。"制度的儒家"(institutional Confucianism)随清廷的灭亡而终结。但"精神的儒家"(spiritual Confucianism)并没有死亡。先秦的孔孟是第一期,宋明的程朱陆王是第二期,当代新儒家是第三期,正是我们要讨论的对象。另外还有"政治化的儒家"(politicized Confucianism),自汉代以来的当政者即利用儒术统治天下,如今新加坡实行柔性的威权体制,还有相当吸引力。而"民间的儒家"(popular Confucianism),被社会学者认为乃是日本与亚洲四小龙(中国台湾、中国香港、韩国、新加坡)在20世纪70年代造成经济奇迹背后的真正动力之所在,现在还展现着巨大活力。四者互相关联而有分别。很明显,我们的探索只能集中在"精神的儒家",特别是在哲学的方面。而前面提到的"现代新儒家"(Contemporary New Confucianism),是大陆流行的术语,取其广义的意思。台湾则流行"当代新儒家"(Contemporary Neo-Confucianism)一词,取其狭义的意思:熊十力是开祖,第二代是他的三大弟子唐君毅、牟宗三、徐复观,第三代是杜维明、刘述先、蔡仁厚等。两个概念和词经过这样清楚的界定以后,可以并行不悖,不会构成问题。

20世纪20年代新儒家对"五四"运动作出回应。40年代新儒家尝试创建自己的哲学系统。60年代港台的新儒家由文化的存亡继绝转归学术,为之放一异彩。80年代海外新儒家晋升国际,倡议与世界其他精神系统交流互济。这便是现代新儒家思潮发展的指向。

就20世纪来说,20年代是第一波,关键人物是梁漱溟与张君励。梁漱溟被公认为当代新儒家的先驱人物,但很少人注意到,他的思想形成几乎与"五四"同时,其构思与著作《东西文化及其哲学》实始于1919年6月。① 他1920年就在北大演讲,讲词在《北大日刊》连载发表,但未完成,也未定稿。他的书在1921年先由财政部印刷局付梓,但要到1922年由商务印书馆出新版,这才洛阳纸贵,名噪一时。他把问题放在整套文化哲学的架构下来考虑。他认为人类基本上有三种意欲:西方文化是以意欲向前要求为其根本精神的,中国文化是以意欲自为调和持中为其根本精神的,印度文化是以意欲反身向后要求为其根本精神的。虽然他年轻时最向往佛教的解脱道,但后来感觉到印度与中国文化有早熟之弊,于是他才娶妻生子,作儒家的志业,为国家民族文化的持存而努力。他主张在现阶段,首先要毫无保留地全盘西化,但发展到一个阶段之后,西方那种专讲功利竞争的文化不免漏洞百出,就要转趋中国重视人际关系、社会和谐的文化。到最后人终不能避免生死问题,乃要皈依印度的解脱道。但梁漱溟并没有说明,这样的转变如何可以在实际上做得到。在"文革"时期,他展现了儒者的风骨。"文革"以后,出版《人心与人生》,又回到原来的观点,以为必须回归中国文化强调社会和谐的泉源。梁一生尊崇孔子。西方学者艾凯(Guy Alitto)著书论梁,书名《最后的儒者》。② 等到他有机会在1980年亲访梁

---

① 参见王宗昱:《梁漱溟》,台北:东大图书公司,1992年,第308页。
② Guy S. Alitto, *The Last Confucian: Liang Shu-ming and the Chinese Dilemma of Modernity* (Berkeley: University of California Press, 1979).

时，梁却告诉他，佛家的境界比儒家更高，令他大为惊讶。①梁在事实上也决非最后的儒者，但他在1917年进北大教书，就说要为孔子、释迦说几句话。他所提出的观念尽管粗疏，但还是不能不肯定他为开风气人物的地位。

梁漱溟在《东西文化及其哲学》的附录中，转载了梁启超在《时事新报》发表的《欧游心影录》。一向倾慕西方文化的梁启超亲眼目睹一次世界大战后残破的欧洲，深深感觉到不可以把它作为我们的楷模。梁启超的观察不只启动了梁漱溟的文化思考，也激发了1923年的科玄论战。②张君劢与丁文江曾随同任公去欧洲。返国之后，在清华的一次演讲中，张君劢指出科学背后机械决定论的限制，而强调人生观要靠直觉，引起了丁文江的反击，好多学者均卷入论战，成为一时盛事。张君劢援引的资源是倭伊铿（Rudolf Eucken）与柏格森（Henri Bergson），丁文江则是马赫（Ernst Mach）与皮尔生（Karl Pearson）。这场笔战的水平并不高，可谓情胜于理。张君劢过分强调人生观的主观性而不免受到攻击，被讥为"玄学鬼"。而丁文江辩论背后的立场其实是一套科学主义，并非科学本身。然而就当时的声势言，似乎支持科学一边的人数众多而占了上风。但事后检讨，张君劢的想法与做法，绝不是反科学，而人生的意义与价值问题并不能由科学来解决。张君劢后来涉足政治，1949年后居于海外，成为海外新儒家的代表人物之一。

---

① 艾凯：《中国文化形成的要素及其特征》，《文化的冲突与融合》，北京：北京大学出版社，1997年，第271页。

② D. W. Y. Kwok, *Scientism in Chinese Thought: 1900—1950*（New Haven and London: Yale University Press, 1966）.

40年代是第二波,关键人物是冯友兰、熊十力、方东美。① 冯友兰是北大毕业生,曾受学于梁漱溟,虽未上过胡适的课,但应该有他《中国哲学史》的讲义。他也和胡适一样到哥伦比亚留学,但影响他最深的不是杜威的实用主义,而是新实在论。他以英文发表第一篇论文,解答中国为何不发展科学。认为西方文化外向(extrovert),东方文化内向(introvert),故中国文化不发展科学,是自动选择的结果。持论与梁漱溟相同。但他研究世界哲学,不再和梁一样推重柏格森的创化论,认为"直觉"(intuition)的观念模糊,无助于哲学系统的建构,而转趋新实在论的哲学分析。他的博士论文作天人损益、人生哲学理想的比较研究,讨论了十派不同的观点,广泛取材自东西哲学。他的同情是在孔子所倡导的儒家的中庸之道。1923年冯束装回国。由1926年至1931年,他集中心力做中国哲学史的工作。《中国哲学史》两卷分别在1931年与1934年出版,是中国哲学界的一件大事。冯受惠于胡适的新方法,但胡只在1919年出版了论古代中国哲学一卷,没法由他的著作看到中国哲学发展的全貌。冯的哲学史一出,立刻取代了胡的地位。胡乃谓冯所取为正统派的观点,冯也坦然受之,并无异议。冯书以孔子之前无私家著述之事,的确提升了孔子的地位。冯论先秦名家,以惠施合同异,公孙龙离坚白,比胡更细致。他最富原创性的说法是以新实在论的"共相"(Universals)阐释朱熹的"理",其实大有问题,

---

① 我的英文书对他们的思想有比较全面的阐述,参见 Shu-hsien Liu, *Essentials of Contemporary Neo-Confucian Philosophy*(Westport, Conn. and London: Praeger Publishers, 2003), Chs.3, 4, 5。

后来受到港台新儒家严厉的批评。《中国哲学史》由他的学生卜德（Derk Bodde）译为英文，在普林斯顿出版（1952年、1953年），一直到现在还是标准的教科书，在国际上影响之大无与伦比。

但冯友兰从不以做哲学史家为满足。抗战军兴，在最艰困的情况下，冯出了他的贞元六书，用的是《易经》"贞下起元"的意思。1939年首出《新理学》，然后又出《新事论》《新世训》《新原人》《新原道》《新知言》，最后一书出版于1946年。《新理学》是他的哲学总纲。他的机巧在于他吸纳了新实在论的概念，对逻辑实证论之攻击形上学作出回应。逻辑实证论认为形式逻辑只是符号演算，缺乏内容，自然科学的律则必须得到经验的实证。只有这二者有认知意义，传统形上学只是概念的诗篇，仅有情感意义，没有认知意义。冯友兰却认为他能够用没有内容的逻辑概念建构一个形上学系统，哲学之用在无用之用。他首先分别"真际""实际"。前者是抽象的、有普遍性，后者是具体的，有具体性。古代并没有飞机，但人能造出飞机，就必有飞机之"理"。以此冯认为只要断述有物存在，则存在必有存在之"理"，这是他的第一个逻辑概念。其次，具体存在不能只有理，把抽象化为具体必有材质，故必有"气"，这是他的第二个逻辑概念。而存有不孤离，此处中国传统与希腊传统迥异，《易经》所谓"形而上者谓之道，形而下者谓之器"，道器相即，体用不离，"道体"是他的第三个逻辑概念。最后存有发展显示一个秩序，所谓"宇宙"，故"大全"是他的第四个逻辑概念。由此可见，科学研究实际，建立通则。哲学不能增益知识，故无用。但分析可以澄清我们的心智，提升我们的境界，进入超越的理念的领域，乃有所谓无用之用。

冯接着出《新事论》《新世训》二书。他主张共相是可以转移的，故现代化是有可能的。我们可以把西方文化有普遍性的部分转移过来，也可以把传统文化之中有普遍性的东西重新加以阐释，仍然可以有现代的意义。在《新原人》中，他提出四重境界说。人最初只能依赖"本能"，这一境界与禽兽没大差别。然后人知道计算利害，提升到"功利"境界。更高一层会牺牲小我，关注群体的利益，而进入"道德"境界。最后与宇宙道通为一，体证"天地"境界。《新原道》是他整个哲学系统的综述。《新知言》则对他的方法论有所阐释。这构成了他整个的哲学系统。

1947年冯友兰在美国访问，朋友劝他不要回去，他却坚决返国。由1950年开始，冯不断写自白，彻底否定自己的哲学。他学习用新的马克思主义观点改写中国哲学史，但他仍提议用"抽象继承法"，主张传统中有普遍性的东西，可以有现代的意义。

但因他不明白阶级斗争的原理，以至受到严厉的批判。到1966年，他忽然"憬悟"为何不站在"人民"的一边，乃参与了反孔的行列，得到毛与"四人帮"的认可，成为"梁效"写作班子的顾问。然而"文革"终于结束，邓小平拨乱反正，对外开放。1982年冯到夏威夷参加国际朱熹哲学会议，他亲口自承在"文革"时期未能"修辞立其诚"。此后他致力写《中国哲学史新编》，总共七卷。他以马克思主义的观点写这套书，1992年第七卷《中国现代哲学史》单独在香港中华书局先行出版。他虽仍赞扬毛，但以他晚年背离了自己的原则，"左"倾冒进，以至犯了严重的错误。冯自己则回返以前的观点，引张载"仇必和而解"，不赞成毛"仇必仇到底"的看法。当然这套书已无可能有什么重大的影响。

《新理学》虽一出即获奖,然而冯在西南联大的同事贺麟却批评该书只有理气论,没有心性论,有严重的疏失;而他预言中国哲学的未来在"新心学"的建构。①但他自己并没有做这件工作,他的预言没有应验在大陆本土,却实现在港、台新儒家,而且来自一个想象不到的源头:熊十力比冯友兰大十岁,但起步迟,在社会上无籍籍名。他早年参加革命,但民国肇建以来,军阀割据。他痛感革命不如革心,转向内在的精神世界。因他谤佛而受到梁漱溟的斥责,然而他却不以为意。梁把他介绍到支那内学院,跟欧阳竟无(1871—1944)学唯识。两年之后,梁因志不在学术,要离开北大,乃荐熊以自代。熊于1922年进北大当讲师教唯识。他认真编讲义,三易其稿。后来发现唯识论把生灭与不生灭截成两片,难以自圆其说,乃归宗大《易》,造《新唯识论》,引起佛教界的挞伐。但他毫不在意,孤军奋战。到1944年商务出版《新唯识论》的语体文本,中国哲学会誉之为最富原创性的哲学论著,声名大噪。门下有唐、牟、徐诸人,被推尊为狭义当代新儒家的开祖。熊同意佛家的观察:世间现象刹那变动不居,不守故常。但世界的源头不能是佛家的"无明",《易》所谓"生生之谓易",要阐明"体用不二"之旨,不能不回到儒家的思想。《易》所谓"乾知大始",乾谓本心,亦即大体。知者明觉义,非知识之知。乾以易知,而为万物所资始。提到一心字,应知有本心、习心之分。唯吾人的本心,才是吾身与天地万物所同具的本体。习心虚妄分别,迷执小已而不见性。孟子所谓"尽心、知性、知天",回返吾人的本心,即已得万物之本体。相应

---

① 贺麟:《儒家思想的新开展》,《思想与时代》创刊号(1941年8月)。

于此，熊又作出性智与量智的分别。性智者，即是真的自己的觉悟，虽不离感觉经验，却不滞于感官经验而恒自在离系。它原是自明自觉，虚灵无碍，圆满无缺，故虽寂寞无形，而秩然众理已具，能为一切知识之根源。量智者，即思量和推度，或明辨事物之理则，亦名理智，由此可以建构科学知识。此智原是性智的发用，然性智作用借官能而发现，即官能得假之以自用。迷以逐物，而妄自有外，由此成习，外驰不返。熊又借《易》的"翕辟成变"来铺陈他的宇宙论。创造的天道"至诚无息，无时或已"。翕以成物，这本是创生的结果，但物化迷途不返，以至造成障碍。只有回返本心，自我净化，即用显体，体用不二。由于心物皆用，不是本体，故他一生坚拒唯心论与唯物论。熊喜欢借海水与沤的比喻来发明体用二者之间的关系。这是由证会把握的实得，由此而立形上学，不是经由理智通过科学研究所能建立的智慧。

熊十力既立内圣学，又进一步立外王学。他晚年著《原儒》（1956），发为非常怪异之论。他将儒学思想划分成为大同、小康（礼教）两派。认定孔子在五十以后，决定消灭统治阶级，废私有制，而倡天下为公之大道，始作六经，以昭后世，不幸为后世奴儒窜乱，于是真相不明。《易》乾谓"群龙无首"，即是民主主义。《春秋》根据《易经》而作，述三世义："据乱世""升平世""太平世"，最后国界、种界，一切化除，天下一家。礼的方面则独取《礼运》《周官》，"均""联"即为民主与社会主义开先路。他不只斥《公羊》与《繁露》说三世，专就君臣恩义立论，并斥孟子为孝治派。这样的说法多胸臆之见，得不到学者乃至亲炙弟子的支持。或谓熊趋炎附势，曲学阿世，这是缺乏根据的诬枉。他是沉浸在自己构画出来的乌托邦理想之中，建构一套思想引导时政，却受到漠视。熊在中华人民共和国肇建之后，正因为他之缺乏影响力，被容许著书，印少量流通。据说他没有写过自白书，但还是逃不过"文革"的灾难，遭到红卫兵凌辱，后来在痛苦中去世。

抗战时期，与熊交好，另一位特立独行的人物是方东美。年轻时留学美国，一度喜好实用主义、新实在论，后转趋柏格森、怀德海（A. N. Whitehead）而回归柏拉图。抗战军兴，藏书存稿尽失。1937年透过中央广播电台，向全国青年宣讲中国先哲的人生哲学，并在重庆受到印哲拉达克里希南（S. Radhakrishnan）的激励，矢志以英文著述中国哲学。1976年巨著 *Chinese Philosophy: Its Spirit and Its Development*（《中国哲学精神及其发展》）完稿，身后于1981年由联经出版，方回归《尚书·洪范》的"皇极大中"理想，以及《易经》"生生而和谐"的原始儒家的哲学。方早年曾著《哲学三慧》，比观古希腊、近代欧洲以及中国文化之智慧，后来又加上印度，拟写一部《比较人生哲学导论》，惜乎只留存目，令人惋惜。方在早年，曾在中央大学教过唐君毅，晚年在台湾大学执教，学生有刘述先、成中英、傅伟勋等。他的文化哲学留下了深远的影响。

60年代是第三波，关键人物是唐君毅、牟宗三。1949年唐君毅、钱穆流寓香港，建立新亚书院，方东美、牟宗三、徐复观则到台湾，下开了港台新儒家的线索。唐君毅主要的著作多完成于香港，[①]有广泛影响力的《中国文化之精神价值》出版于1953年。在序中

---

① 关于唐君毅的思想，参见 Shu-hsien Liu, *Essentials of Contemporary Neo-Confucian Philosophy*（Westport, Conn. and London: Praeger Publishers, 2003), Ch.6。

他坦承受到熊十力的深刻影响,年轻时因"神无方而易无体"一语误以中国先哲之宇宙论为无体观,只熊先生函谓开始一点即错了,必须"见体",后来才明白熊先生的深切。他自己着力的是建立道德主体,友人牟宗三着力的则是建立认识主体。他们流寓港台,怀抱着孤臣孽子的心境。不想朝鲜战争爆发,海峡两岸成为长期对峙之局,于是由文化的担负转归学术的探究,皇皇巨著相继出版,造成当代新儒家光辉的成就。1957年在海外张君劢的推动之下,唐负责起草,1958年元旦发表的《中国文化与世界宣言》,由张、唐、牟、徐四位学者签署。这篇宣言呼吁西方汉学不能只取传教士、考古学者或现实政客的态度看中国文化,而应该对之有敬意,深刻了解其心性之学的基础。中国文化的确有其限制,必须吸纳西方文化的科学与民主,但西方文化也可以向中国文化吸收"当下即是"之精神与"一切放下"之襟抱,圆而神的智慧,温润而恻怛或悲悯之情,使文化悠久的智慧,以及天下一家之情怀。这篇宣言在当时虽然没有人理会,后来却被视为新儒家的标志。西方如今流行多文化主义(Multi-culturalism),新儒家可谓有先发之明,不是当时可以预料的情况。

唐君毅晚年著卷帙浩繁的《中国哲学原论》(1966—1975),详细综述分析中国哲学之内涵与源流。其最后一部大著为出版于1977年的《生命存在与心灵境界》。通过横观、顺观与纵观,分别体、相、用之所观,相应于客、主与超主客三界,发展出了心灵活动的九境:(1)万物散殊境;(2)依类成化境;(3)功能序运境;(4)感觉互摄境;(5)观照凌虚境;(6)道德实践境;(7)归向一神境;(8)我法二空境;(9)天德流行境。唐由浅入深,把中西印各种哲学与宗教观点都纳入他的系统之中,最后归宗于儒家的天德流行境。由此可见,其哲学之归趋并未改变初衷。他的哲学有类黑格尔的综述,但没有取演绎的方式,避免了黑格尔过分勉强迁就其正反合的辩证架构所产生的削足就履的毛病。

牟宗三可能是当代新儒家中最富原创性也最有影响力的思想家。[①] 他也一样受到熊十力的深刻影响。他回忆在大三时有一次听到熊和冯友兰有关良知的讨论。熊对冯说,你怎么可以说良知是假定。良知是真真实实的,而且是个呈现。牟感觉到这一声,真是振聋发聩,把人的觉悟提升到宋明儒者的层次。由此可见,港台的海外新儒家的源头是熊,不是冯。新儒家的后学做学问都不走熊由佛入儒的路子,但熊直接体证乾元性海,却是最重要的精神源头。牟的《认识心之批判》两大卷(1956—1957),填补了熊的《新唯识论》只作成境论,未能完成量论的遗憾。牟发展出所谓"三统之说":"道统之肯定",卫护孔孟所开辟的人生宇宙的本源;"学统之开出",转出"知性主体"以融摄客观学术的独立性;"政统之继续",由治统转出政统,通过"良知的坎陷",以肯定民主政治制度之必然性。就精神传统而言,先秦孔孟是第一期,宋明儒学是第二期,当代儒学是第三期。学术专著方面,《才性与玄理》(1963)把握魏晋的玄理,《心体与性体》(1968—1969)把握宋明的性理,《佛性与般若》(1977)把握隋唐的空理。这些论著把缺乏概念分析的中国哲学提升到向来未有的高度。故此,我认为未来研究中国哲学可以超过牟

---

① 关于牟宗三的思想,参见 Shu-hsien Liu, *Essentials of Contemporary Neo-Confucian Philosophy*, Ch.7.

宗三,却不能绕过牟宗三。

牟宗三晚年著《智的直觉与中国哲学》(1971),用康德作对比,以中土三教均肯认"智的直觉",不似康德囿于基督宗教传统,把智的直觉归于上帝,故他只能成立"道德底形上学"(metaphysics of morals)与"道德的神学"(moral theology),而不能像儒家之成立"道德的形上学"(moral metaphysics)。接着牟又著《现象与物自身》(1975),用海德格尔作对比。海德格尔只能建立"内在的形上学",不能建立"超绝的形上学"。只有儒家才能建立既内在而又超越的形上学。总结而言,东西文化各有胜场,西方建构的是"执的形上学",东方体证的是"无执的形上学",由这里也可以看到融通东西的可能性。他最后一部大著是《圆善论》(1985),也是通过康德哲学的线索,抉发中国哲学由孟子到王龙溪的睿识,由境界形上学或实践形上学的线索,才能解决"德福一致"的难题。

80 年代是第四波,关键人物是杜维明以及我自己。第二代新儒家发展于存亡继倾之际,护教心切,不期而然突出了道统的担负。特别是牟宗三,引起了强烈的反激。第三代新儒家像杜维明、余英时等长年流寓海外,面对的自然是十分不同的处境,增加了一个国际的面相,也有不同的资源可以援用。[①] 杜维明的道、学、政继承了牟宗三的三统之说。而他在重视个人的"体知"之外,也着重文化在实际上的表现,注视 70 年代亚洲四小龙在日本之后创造了经

[①] 关于第三代新儒家,参见 Shu-hsien Liu, *Essentials of Contemporary Neo-Confucian Philosophy*, Ch.8. 澳洲学者梅约翰认为刘述先与杜维明为第三代关键人物, Cf. John Makeham, "The New Daotong" in *New Confucianism: A Critical Examination*, p.71.

济奇迹,均有儒家的背景,①认为现代化不必一定走西方的模式。他极力推广"文化中国"的理想,既可以回归中国文化的传统,又可以由现代走往后现代,而不陷入相对主义的泥潭。杜维明预设了西方现代的多元架构,并没有任何必要去证明儒家传统比别的精神传统更为优越,只需要说明自己的立场,在世界上占有一席之地即可。他也致力于与其他传统展开对话,互相沟通,希望收到交流互济的效果。近年来我自己的思想也往同一方向发展,并积极参与全球伦理的建构,由新儒家的立场作出适当的贡献。1993年由孔汉思（Hans Küng）起草的《世界（全球）伦理宣言》在芝加哥的世界宗教会（Parliament of the World's Religions）获得通过,其原则为金律的"己所不欲,不施于人"或"己立立人,己达达人",以及不杀、不盗、不淫、不妄四个禁令的现代表达。我由新儒家"理一分殊"的存异求同对孔汉思提出来的人道原则（Humanum, humanity）加以进一步的阐扬。②

第三代的新儒家还在发展之中,第四代也在成形之中,并致力于崇高理论的落实,且让我们拭目以待吧!

（原载《儒学天地》创刊号,2007年11月）

---

① Tu Wei-ming, ed., *Confucian Traditions in East Asian Modernity* (Cambridge, MA: Harvard University Press, 1996).
② 参见刘述先:《全球伦理与宗教对话》,石家庄:河北人民出版社,2006年。

理一分殊与全球地域化

今天有这么多的听众，实在很难得，可是我不知道各位听众的背景，所以，我想不用太专门的学术语言，尽量用比较容易理解的方式来讲讲我的意思。

这次我在"蔡元培讲座"讲"理一分殊与全球地域化"。"理一"，道理是一个；"分殊"就是不一样的意思。如果翻成英文的话，就是 Principle is one, manifestations are many。刚才汤先生提到，我近来非常关心全球伦理的问题，最近关心的一个重点，是全球地域化。世界变成了一个地球村（Global Village）。在这个情况下，有两个表面看起来相反的潮流：一个潮流是全球化（Globalization），另一个潮流是在地化（Localization）。事实上呢，相反而相成，所以英文就造了一个新字，叫 Glocalization（全球地域化）。"理一分殊"发展到今天，跟全球地域化问题发生交接。我今天讲"理一分殊"发展的四个阶段，最后一个阶段就讲到现在的这个情况。

首先提一提"理一分殊"的这一观念是怎么起来的。宋明理学，在外国叫 Neo-Confucianism，新儒家、新儒学。为什么是新呢？因为"理"这一概念在先秦儒学不是一个重要的观念，北宋时候受到道、佛的冲击。特别是华严宗讲"理事无碍"法界观，儒家（教）有所回应，才开创了理学。但是意思跟道家（教）的玄理、佛教的空理，都不一样。所以，宋代以来的宋明理学是新的发展。先秦的儒学是根源，理学在北宋开始是一个阶段，到了南宋朱熹又是一个阶段，然后到了明清之际以后，理学的线索衰微了。就中国学术的大致，其实可以很简单地说，从先秦诸子起，两汉经学、魏晋玄学、隋唐佛学、宋明理学、清代朴学，然后就到了现代，有所谓现代新儒学（Contemporary New Confucianism），回归到宋明，又回归到先秦。我的十八届钱穆讲座《论儒家哲学的三个大时代》，就是先秦、宋明跟当代。而当代新儒家发展到现在已经是第三代了，要面对从20世纪到21世纪的问题，这就是当前的课题。

以上我认为对"理一分殊"的理解经历了四个阶段：北宋、南宋、现代与当前。先秦既然"理"不是一个重要概念，那么"理一分殊"怎么会从北宋开始的呢？它有一些偶然的因素，也有一些必然的因素。北宋时候，有位张载（横渠），写了一篇非常重要的文章，叫作《西铭》，讲到一个重要的观念："民胞物与"，所谓"民吾同胞，物吾与也"。这些话到今天已经变成常识的话了，可是在张载讲出来的时候，这句话蛮惊天动地的。二程——程明道与程伊川——一个大弟子，叫作杨时（龟山），在当时写了一封信给小程子，反映他自己的一个意见。他说，张横渠的这种"民胞物与"的讲法看起来好像是墨家的兼爱之旨。而儒家向来是与墨家不同道的。然后，他又说，张载这种讲法是只有体而没有用。中国人喜欢讲"全体大用"。这两条是非常严厉的指控。程伊川却认为，他的讲法是不对的，回了封信给他说，张横渠是儒家观点的一个非常有开创性的说法。墨家的观点是"二本而无分",我们儒家的观点是"理一而分殊"。这是在我们中国哲学史上"理一分殊"的第一次出现。而且他说,《西铭》本来是有体有用的,结果你说它只有体没有用,这个说法太过分了。所以,"理一分殊"是程伊川为了回答杨龟山的话,而提出的一个词语。而这个词语,最初只有道德伦理的意义。就是说,我们儒家道理是一个,但是因为身份、地位不同,我们的概念、行为都有分别,所以是"理一而分殊"。

这样从程颐的观点看,墨家是"二本而无分"。什么叫作"二本而无分"?回到《孟子》的文本,孟子门下跟墨家的一个学者夷之有一个讨论。墨家的观点说人的麻烦就是因为去分别,所以对自己的亲人跟对街上人一样,这样才可以解决问题,这个叫作"兼爱"。所以墨家是讲"兼爱"的。可是在实行的时候怎么实行法?举一个现实的例来说吧。如果在灾荒的时候,你拿到一碗粥,你给谁呢?结果墨家也是给自己的亲人,那为什么给自己的亲人呢?他就说:"爱无差等,施由亲始。"孟子对于墨者夷之的挑战是,你既然是兼爱,就是途之人跟你的亲人没有分别。这是一个本!可是当你去施行把这碗粥先给亲人,又说"施由亲始",岂不又有一个本,所以变成"二本而无分"。而儒家为什么是"理一而分殊"呢?孟子说:"老吾老,以及人之老;幼吾幼,以及人之幼。"你要爱护亲人,别人也去照顾自己的老人与幼小。所以儒家是"理一",可是你做父亲,做儿子,道德责任都不一样。所以程颐说,张载《西铭》真是孟子以后从来没有过的大文章,它是我们儒家的一个非常重要的文献;杨龟山怎么可以把它讲成墨子兼爱之旨而且只是明体而不及用?那个是不对的。杨时后来也并没有因为程伊川的讲法,完全改变他的看法。可是不管怎么样，"理一而分殊"从此以后变成宋明理学里面一个非常重要的概念。而这一概念的名言，这些都是先秦没有的，在北宋才开始有的。而"理"这个概念，过去虽然出现过，但不是重要的概念。而北宋儒学的兴起，就是对抗二氏。所谓二氏，就是老氏、释氏——老子、释迦牟尼这些。当时的知识分子，都对儒家正统没有兴趣，从汉代经学以来，到了唐代《五经正义》，知识分子对于儒家的兴趣，只是为了考科举，去赢取功名而已。所以，知识分子一脱离公职，不归道，就归佛。只有二程挺了出来，提出"存天理，灭人欲"。"存天理，灭人欲"，不是要人去掉欲望，而是去掉不适当的欲望。那么"存天理"这个理是什么理呢？不是道家的玄理，也不是释家的空理，而是儒家的性理。程明道有一个很有名的讲法："天理二字，却是自家体贴出来。"所以，他这个天理，是从自己的内心体证出来的一个东西。这个体证，是他花了很长的时间才能够达到的结果。回过头去看程伊川写他哥哥的行状（传记）说，明道年轻的时候受到周茂叔的影响。周茂叔就是周濂溪，是二程的家庭教师。明道跟了他之后，觉得功名不重要，要找的东西，就是怎样安顿自己的身心。可是明道并没有从周濂溪那里拿到他的安身立命之道。他觉得大家都从道家里面找道理，从佛教里面找道理，明道也不例外，也到道家、佛家去找道理。所以伊川写行状说，明道是"出入于老释者几十年，反求诸六经而后得之"。他去道、佛找道理，结果找不到，哪里找到，还是回到六经才找到的。

我以前年轻的时候，喜欢用一个例子来说明，就是西方文学家梅特林写的《青鸟》，讲两个小兄妹去追求传说里的青鸟，那是一个正面的象征。他们跑到树林里面去找，每回抓到青鸟，回到家里，它就变成黑鸟。怎么找也找不到。结果最后，原来那个青鸟，就是他们自己家里的。所以中国老话讲，"踏破铁鞋无觅处，得来全不费工夫。"那个天理在哪里？就是从你这个内在出来。程颐发挥他哥哥的说法，就变成"理一而分殊"了。这是北宋阐述隐涵在孟子思想中"理一分殊"之旨的第一个阶段。

而二程果然是很厉害，通过他们推动所谓的大学，慢慢有了气势。后来《宋史》也有了所谓的《道学传》。可"道学"这个词，并没有留下来，这也很有意思。冯友兰写《中国哲学史》，里面就碰到这个问题。宋明理学，如果照《宋史》的讲法，就叫作"道学"。可"道学"这个词又麻烦了，因为另外还有两个词啊，一个是"道家"，老、庄的哲学；一个是"道教"，汉代以后就有道教了，现在又说道学就是儒家这套东西，放在英文里面，说宋明理学就是道学，就是 Learning of Tao，或者 Learning of Way，人家不知道你讲什么，一定误会到跟道教、道家的东西混为一谈了。

我曾经做过小小的考据，西方为什么把宋明理学叫作 Neo-Confucianism，这个哪里来？冯友兰写了他的《中国哲学史》，往他的中文本《中国哲学史》里去找，他没有讲什么"新儒家"，如果讲新儒家的话，也没有把它当作一个特别的专门的学术名词。最先谈到新儒家，反而是陈寅恪的《审查报告》，可是讲的也是新儒家只是新的儒家而已，没有当作一个学术专门名词。把这个东西当作一个学术专门名词，把宋明理学当作 Neo-Confucianism，的确是在外国先流行以后，才传回我们中国来。这个后来我找到证据了，原来冯友兰在外国写了一本 *A Short History of Chinese Philosophy*（《中国哲学简史》），他在里面有一个地方讲，他在外国把道学讲成新儒家，让外国人好用这个词。这是冯友兰自己招供了。然后回到中国来以后，他为什么还是用道学呢，显然就是冯友兰觉得Neo-Confucianism是讲给洋人听的，我们自己的话，还是回到道学吧。

可是冯友兰这一努力，没有得到很大的回应。事实上我们注意到《宋史》一度用了《道学传》，后来也不用《道学传》了嘛。冯友兰虽然觉得道学比Neo-Confucianism要好，在中国也推不动这个概念，因此到20世纪下半段的时候，才变成一个新的问题。就是余英时有一个学生叫田浩（Hoyt Tillman），也在你们北大教课，他就很不喜欢Neo-Confucianism这个词，认为概念上不清楚，不晓得它讲什么东西，认为应该把它废掉，还是应该讲"道学"才可以。但是这个词已经用了几十年，西方那些大家，像陈荣捷（Chan Wing-tsit），他的 *A Source Book in Chinese Philosophy*（《中国哲学资料书》），从1963年在普林斯顿出版以后，就是一个标准文本（standard text），大家都用。然后，哥伦比亚推动新儒家最厉害的狄百瑞（William Theodore de Bary），也是用这个。所以狄百瑞一看田浩反对，就起来跟田浩迎战，说Neo-Confucianism有它的道理。然后我再去追，说到底在西方是谁开始用这个Neo-Confucianism的？结果我发现，是冯友兰的一个学生做的事情。冯友兰在1949年的那个阶段刚好到美国去访问，他的一个博士生，叫卜德，和冯友兰合作，把他的《中国哲学史》翻译成了英文。他们两个共同商定来翻。结果，翻到清代的儒学的时候，中文本"道学的延续"，在英文本里面赫然就是"Neo-Confucianism"，所以原来是卜德把中文的"道学"翻成英文时就翻成"新儒家"。是有这样一个故事在里面。这是一个插曲，蛮有意思的。为什么要讲这一个插曲呢？就是说这个理学从一个文化转到另外的文化里面，就有一些变迁，是你料不到的。在这一个地方，事实上我很不同意冯友兰的看法，因为我认为明清是一个典范转移（paradigm shift）的时代，宋明理学到了黄宗羲是最后一个新儒家了。转到了清代以后，主流就转成了朴学，考据去了。那么，把宋明理学当作哲学来看，这一潮流在清初已经是断了。这个潮流，要到当代新儒家，到了熊十力、牟宗三、唐君毅这些人才恢复。可是冯友兰只看到清代的道学的延续，其实没有延续。因为陈确、颜元、戴震，传的都不是宋明理学，哪来的延续呢？所以我不同意冯友兰的这个看法。而为什么要提冯友兰，正是要说明我的看法跟冯友兰的看法有差距。

从北宋到南宋，进入到"理一分殊"的第二个阶段，里面一个最关键的人物就是朱熹。朱熹是一个非常特别的人物。他的背景很有意思。他的祖籍是安徽婺源，可是他的父亲因为秦桧当国，把自己放逐到边陲去。那时候福建是文化很落后的地方。朱熹生在尤溪。然后，他父亲也没有能够回到祖籍去，所以朱熹年轻的时候就在福建长大，后来就又回到福建，朱熹的学问就叫"闽学"。大家注意到，我们现在念宋明理学，都说濂、洛、关、闽。濂是周濂溪；洛是河南，河南是程明道、程伊川两兄弟；关呢，是陕西，是张横渠；闽，就是朱熹。我不晓得你们的教科书怎么讲。我念中学的教科书就念濂、洛、关、闽，以为天然是这个样子。但我自己做研究发现，完全不是这么回事。因为濂、洛、关、闽这条线索，不是历史发展的轨迹，而是朱熹自己建构出来的东西。

前面我已经讲，周濂溪的确做过二程的家庭老师，可是二程传的不是周濂溪的道。那么周濂溪怎么会变成宋明理学的开祖呢？完全是因为他写了一篇重要的文章叫《太极图说》。陈荣捷的 A Source Book in Chinese Philosophy 里面就讲，北宋开端的时候两篇最重要的文章，一篇是周濂溪的《太极图说》，一篇就是张横渠的《西铭》。《太极图说》是宇宙论方面，《西铭》是道德伦理方面。这个大家是公认的，没有异议。那么《太极图说》在当时有没有问题呢？问题大了。宋明理学里面一个重要的问题是"朱陆异同"，陆象山兄弟就和朱熹辩过《太极图说》的问题。从陆氏兄弟的观点看，这篇文章是要不得的，第一句话"无极而太极"就出错误。陆象山说，"无极"只有在《老子》里面能找得到，儒家里面哪来"无极"呢？所以这篇文章，要就是假的，要就是周濂溪不成熟的少作。可是，朱熹不同意这样的看法，他认为"无极而太极"跟道家没有关系。在当时《太极图说》有两个不同的版本。一个版本是"无极而太极"，另外一个版本是"自无极而太极"。朱熹认为"自无极而太极"那个版本是错的，无中生有，那的确是道家。可"无极而太极"对朱熹来说，是无形而有理，它是同一个东西的两面。

论辩很有意思，就像朱陆二人的位置倒转了。本来陆象山是开创性很大的，所以他才说"六经皆我注脚"。可是在这一辩论上，象山引经据典，说朱熹在文献上没有根据。可朱熹说，我们儒家的思想，从来就是开创性的。伏羲以前没有八卦，文王重卦；到了周公，才制礼作乐。所以以前没有的东西现在有，这有什么关系呢？我们一般怀疑《太极图说》的图，在以前没有见过。到了北宋，忽然出来了，那么，它自哪里来？原来那时候华山有个道士，叫陈抟。武侠小说里他变成陈抟老祖了。而且有这样一个传说，说赵匡胤没当皇帝之前，跟陈抟下棋输掉，答应以后得天下，这块地方不抽税。这些都是传说。可是这个图在宋代忽然出来。周濂溪竟然作《太极图说》。他这个图，看冯友兰的《哲学史》很清楚，它的确跟《道藏》里面那个太极图是非常非常相像的。那么两个图是不是一个图呢？不是。为什么不是呢？冯友兰那个讲法是很有道理的，说道家本来是个修炼图，炼气化神。可是周敦颐把它变成一个宇宙创生的图，把它颠倒过来了。周敦颐的的确确对它有一个全新的解读。冯友兰讲的是蛮有道理的。

朱熹特别欣赏周濂溪《太极图说》这个图，而周敦颐写了唯一的一本书就是《通书》，即《易通》。我们当代新儒家唐君毅、牟宗三向来觉得陆象山心学比较有道理，不大喜欢朱熹的理学。可是在太极图的争辩上面呢，唐、牟认为朱熹是对的。因为《太极图说》讲的义理，跟周敦颐《通书》是完全契合的。所以周濂溪这个人为什么会忽然之间变成开祖？就是因为朱熹欣赏这篇文章，把他推上去变成宋明理学的一个开祖。后世居然接受了这条线索。王阳明、刘宗周这些心学的人，尽管他们对朱熹的理学的内部的一些问题不接受，但对濂溪作为开祖并无异议。

那么下来应该讲谁呢？从思想史的线索应该讲张载。他年龄跟周濂溪差不多，有宇宙论的兴趣，也喜欢《易》。但为什么濂、洛、关、闽，跳到二程去？这是因为朱熹不从思想史发展的线索，而是从哲学的义理的观点来看问题。横渠的思想非常有开创性，这个二程都承认。但是他太喜欢创新，用一些大家不熟悉的方式去谈义理，讲什么清、虚、一、大，二程认为横渠的讲法不纯粹，有点驳杂。在这个情况下，就先把他撇开。所以濂下来，就变成洛了。可是思想史很难讲,因为心性之学最重要的,就是"心"跟"性"两个字。而宋代的性论跟先秦的性论很不一样,有一个非常重大的突破,关键在哪里呢?就是宋代通过张横渠分别"天地之性"跟"气质之性",才知道不能糊里糊涂地讲性。在辈分上面,张载是二程的表叔,二程也认为张载厉害,肯认表叔对性的讲法是对的。他们有两句很重要的话:"论性不论气,不备;论气不论性,不明。"这话怎么讲?孟子"道性善",可是现实的世界里面,这么多坏的事情,怎么道性善。所以回归到孟子去就了解到孟子讲的是本心本性。一定要回归到本心本性才可以道性善。孟子绝对不是不知道现实世界上面有恶,《孟子》文本写得很清楚,讲"牛山濯濯",为什么会这样呢?孟子就说,因为人去砍它了,牛羊去踩它了、吃它了,然后到时候牛山就光秃秃。所以现实上面,孟子从来没说因为是性善保证人做的事情都是好的。他完全承认,现实上面像牛山濯濯,可以搞得很坏。可是如果照本心去做,把恻隐之心、恻隐之端充分发扬出来,就会"沛然莫之能御"。所以,他喜欢从正面讲下来。道性善是这样讲的,没有照顾到恶。到了朱熹那个时代,时代非常坏。坏的事情,朱熹打了个比方,说乾是一画,坤是两断,所以现实世界里面,坏事情至少要比好的事情多一倍。朱熹是彻底现实的一个人,知道现实的恶太多。可你怎么照顾这个恶的来源?性本原是没有恶的。但气从理发展出来,分阴分阳以后,就分善分恶。所以张载讲"一故神,两故化"。回到一的时候,它有神用啊;要变成两的话,才能显示"二元对偶性"。阴阳五行变化;《太极图说》也是这么讲。所以在这个情况底下,光讲性不讲气的话,不完备嘛。孟子道性善以后,一千年没有解人。荀子固然是讲恶,然后到汉代。董仲舒是

"善恶二元",到了扬雄,是善恶混。甚至于到了唐代,韩愈讲"性三品",都是什么?讲的是气质之性啊,不是本性。所以朱熹的道统里面,汉代的儒家一个都不在里面。董仲舒虽然是"独崇儒术,罢黜百家",在朱熹的道统里面,没有董仲舒。那"道统"这一名词是从韩愈那里来的。韩愈批佛,他没从哲学上去批,所以在朱熹的道统里也没有韩愈,只是借了他道统的观念。所以朱熹建构的道统,是他自己的一条思路,以前没有的。从荀子下来到汉代、隋唐,都是讲的气质之性。论气不论性,本性不明。所以朱熹是有很大的开创性,他继承二程这条线索。而张载不止是分别了天地之性、气质之性,他还有一个重要的分别,就是"见闻之知"跟"德性之知"。"德性之知"就是二程讲天理从里面出来的这个东西。见闻之知呢,用西方的说法,就是经验之知(empirical knowledge),用现代逻辑实证论的讲法完全通,他们认为有认知意义的东西只有形式逻辑(formal logic)和经验知识(empirical knowledge)。另外,道德伦理在逻辑实证论中的看法怎么样呢?他们就回到休谟(Hume),说这些是情感。而情感这东西是彻底主观的。所以他们是情绪论,没有客观的东西。再不然就是社会大家同意、约定俗成的规范。西方到了休谟,就是认知与情绪,成了彻底的二元。可中国不是。中国从来存有、知识、价值,是一起的,没有分裂开来。这是非常重要的。熊十力后来回过头去,他的新唯识论就是建立在"见闻之知"跟"义理之知"的分别上。所以我先跳到当代新儒家的熊十力。他是从印度那里翻过来的。印度的量论,讲知识的方式有四个量:现量、比量、譬喻量、圣言量。现量是 sensation, perception(感官知觉)。比量是 inference(推论)。譬喻量,是 analogy(打比方),就不精确。圣言量，是 testimony（亲证），坐在一个 Guru（大师）边上听他讲，有所感应。熊十力把四量分为两个层次。西方的东西就是现量和比量而已呀，可是熊十力说，在这个之外，还有"默识"之一途。默识，就是没有言语可以讲清楚的，你顶多就是打比方，打比方永远不精确，所以到最后一定只有归于默，重亲证。东方传统就有这样一个领域在内，从思想史的线索，一定是先讲张横渠，然后讲到二程。可是，朱熹建立濂洛关闽以后，把二程提到前面去，他当然没有提他自己，然后别的人就把他编入，闽学嘛，所以濂洛关闽就是这样建立起来。后来的思想史，都是照着濂洛关闽讲，可是事实上的发展不是这样。牟宗三的全集出来，我就发现牟先生刚从大陆跑到台湾师范学院讲宋明理学的时候，还照着黄宗羲留下来的、全祖望完成的《宋元学案》那样讲，还是讲濂洛关闽。到后来，发现这个讲法有问题，他才有朱子"别子为宗"的讲法。而朱熹的厉害在什么地方呢？他不光自己有一套想法，他另外编了一部文献，来助长这个事。他跟吕祖谦一起编了一部《近思录》。编了《近思录》以后，濂洛关闽这条线索就整个建立起来了，道统也建立起来了。就像外国学者魏伟森（Thomas Wilson）说的，一建立道统以后，一方面，就把跟你同道的人拉了进来；另外一方面，跟你不同道的人就推出去。所以，有吸纳和排他的两重作用。可朱熹活着的时候，表面上他虽然是僻处福建的一个穷儒，可余英时的书《朱熹的历史世界》就证明，他虽然在野，可他已经是当时叫作道学的一个政治集团的领袖。《宋史》的道学不能当哲学讲，因为它是一个政治组合，到了南宋的时候，连叶适、陈傅良这些功利派的人，统统是道学这一边的。所以道学不能拿来当哲学的范畴讲。吊诡的一点是什么呢？就是朱熹身后虽被朝廷尊为正统，他本身根本是反科举的，可是他自己没有受到科举之害。因为他十七岁的时候，用了禅宗和尚的讲法，就中举了。可是，后来的那些读书人，朱熹是很看不起的，因为那些人弄儒家这套只是为了功名利禄。所以朱熹其实是很佩服那些和尚，说这些和尚一辈子就管一件事情，就是身心性命，所以好些豪杰是出在佛教。朱熹这样一个情况，死的时候还是伪学，可是到理宗的时候就平反了。从元代1313年开始，考科举就考他的《四书集注》。然后一直延续到清末，到1905年才停。所以朱熹这边是正统，影响之大可以说是孔子以后一人，一点都不夸张。而他对"理一分殊"的讲法是什么呢？就不像二程那样，把它讲得只属于道德原理。他的"理一分殊"说变成：天底下只有一个理，可是分的话就变成万理，他用一个比喻来说明，就是"月印万川"。同一个月亮照在不同的水里面就有不同的形象。所以今日格一物，明日格一物，一物有一物之理。这样一来他就把它变成一个普遍化的形而上学，建立了一套心性情的三分架构，以及理气二元不离不杂的形上学。这里面问题很复杂，我不能讲，大家有兴趣可以看看我关于朱熹的书。我的书出到第三版才完全，近来我也签了约，学生书局同意出大陆版，所以简体字版几年以后就可以看到了。这就是"理一分殊"的第二个阶段。在那六七百年期间，不管你怎么不喜欢朱熹，他就是正统，此所以王阳明为什么要写《朱子晚年定论》。他并没有真的反朱熹，他只是反对流行的朱学。所以我始终强调朱熹是圣学的一支。牟宗三先生说："朱熹是泛认知主义。"那个是，跟心学比是这个样子。可是你拿流行的西方词语去比附中国就有一个危险，不要以为中国的这套东西可以用西方的东西来解释,你可以错位。所以朱熹再怎么认知,他不是休谟的认知跟情绪的二元论,他还是知识、价值、存有三位一体的。朱熹是中国人里面最有分析头脑的一个人。他知道休谟所谓的实然和应然的分别,is or ought 的差别,因为理是"所以然之理",而行为是"所当然之则",朱熹知道有分别。可是休谟一分别以后就变成两截了,朱熹不是。只是一物有一物之理,道德有道德的理,这还是同一个"理一分殊"的态势。这是第二段。

所以理学跟心学,是同一个大流里面的分支,那重要的共同点在哪里呢?牟宗三先生用七个字来贯通,宋明理学的共法,叫作:"天道性命相贯通。"牟先生虽然是说,朱熹的贯通是不彻底的。可是通过一种阐释(interpretation)的话,朱熹还是可以贯通的。朱熹那个有名的《大学》的补传,就是格物格到后来,全体大用出来了,有些人说朱熹有科学精神,固然不错,可朱熹要建立的不是科学。他是今日格一物,明日格一物,格到后来,像一串子钱串成,我把这叫"渐教"的功夫,一步一步,渐渐来的。不是陆象山"顿教"的功夫,不是一下子本体就出来了。可是它到了一串完了以后怎么样?他要建立的不是科学定律,还是一种"悟"。我的书里面叫作"异质的跳跃"。也就是说,朱熹有一个超越的层面,不只有一个内在的层面。过去西方有很多人对我们儒家有误解,以为儒家只是一种俗世伦理,它可以让你安心立命,所以它是一个精神传统。可是我不把儒家叫作宗教,因为儒家不是一个组织宗教(organized religion),叫成"宗教"会有很大的麻烦。杜维明在 *World Spirituality: An Encyclopedic History of the Religious Quest*(《世界精神传统系列》)里面编了一套书,叫 *Confucian Spirituality*

(《儒家的精神传统》)，上下两册，都没有问题。所以我把儒家这个传统当作一个精神传统。而这个精神传统到清代没有延续。所以我跟冯友兰意见的不同也就在这里。到了清代以后，陈确也好，颜元也好，戴震也好，没有了那个超越层面，所以这个传统断掉了。断掉以后，要到当代加以恢复，到了当代就要谈所谓现代新儒学。

我把现代新儒学翻译成 Contemporary New Confucianism，是现代新的儒学。大陆就流行这一名称。方克立弄了从 1986—1996 十年的计划就是要研究现代新儒学。里面包括了很多人，钱穆、冯友兰，统统都在里面。只要认为现代的儒学可以有新的意义的，就属于这个范围。可是我们在台港流行一个当代新儒家的讲法，我把它翻译成 Contemporary Neo-Confucianism，那就表示熊十力、唐、牟这些人，回归到宋明理学去，有一个继承性，这是狭义的。熊十力下来是唐、牟，唐、牟下来到杜维明，我们第三代人。第二代的新儒家的一个重要文献，是 1958 年元旦发表的《中国文化与世界宣言》，由四位学者签名：老一代的张君劢，然后熊十力的三大弟子，就是唐君毅、牟宗三、徐复观。里面讲得很清楚，不了解心性之学的话，就不了解中国哲学的源头。中国心性之学是宋明讲出来的，可是它归根到先秦去。但是当代新儒家从来没有讲中国文化是自圆自足、没有缺陷的。牟宗三有"三统"的讲法，就是道统、学统、政统。那道统是什么？就是朱熹建构为后世继承的道统。程朱陆王下来的心性之学说，我们内在有那么一点光明，不是科学所能代替的。就是熊十力讲的默识，不可以丢弃，所以道统一定要把它延续下来。这是当代新儒家担承的自己的责任。但是，从宋明以来儒学有一个大缺点，儒家重点在内圣，外王就不强。牟宗三写了一本书叫作《政道与治道》，说中国传统只有治道，没有政道。从汉光武以来就只有吏治（administration），没有宪法体制（constitution）。学问方面也没有西方希腊式的逻辑推理，像罗素（Russell）的数学原理（Principia Mathematica），牟宗三年轻的时候是弄形式逻辑的。然后传统也缺少对经验科学的兴趣，对见闻之知的兴趣不够大。那部分有缺陷，所以学统一定要扩大，要向西方去吸收。所以，当代新儒家绝对不是反对"五四"讲的科学和民主，而是要向西方去取经。这才是牟宗三、唐君毅他们讲的东西。当代新儒家的向往是这样子，这是他们的理念。现实做不到，那是另外一回事情。这就是"理一分殊"的第三个阶段。

这个阶段说，到最后，即使受到西方冲击，也不能否认生而为人内在有那么一点光明。这不是去维护中国文化，而是说中国文化里面有一个默识，这种睿识是世界性的。当唐、牟旅居香港、台湾的时候，生命朝不保夕，在死以前一定要把自己体证的真理表达出来。所以1949—1958那个十年里面，他们把自己对中国文化的理解与抱负，全部用非常激越的言辞表达出来。但是那套东西到现在不合时宜了。因为他们为了维护中国的道统，不让它失坠，用非常激越的言辞，排他性太强。可是，我们今天已经发展到第四个阶段。就是我一开讲就提到的，现在是全球地域化的时代。不像过去那样，西方文化在西方发展，印度文化在印度发展，中国是远东的母文化，在远东发展。今天世界成为一个地球村，在一个国际大都市，各种信仰人住在一起，要有问题，必定是"祸起萧墙之内"。所以今天老实说，美国拼命造飞弹没有意义。现在全世界造的飞弹已经是毁灭多少个地球都有馀。但是你不能用啊，用了你自己也毁了。且看

"9·11"的爆炸，过去美国本土没有受过攻击。伦敦的爆炸尤其清楚，它是伊斯兰教移民到英国去的后裔，后来对英国文化不满来炸的。你防的不是外面来的飞弹，要防的是内在的威胁。今天重要的是要转化人内在的心态。这就是我为什么要推动全球伦理的事业。

近年来联合国把孔汉思尊为"世界全球伦理之父"。他有一个观念：今天我们又面临一个新的典范转移的时代。过去的典范转移时代是文艺复兴，所谓哥白尼的革命。今天是怎么样呢？今天的时代，我们慢慢要把我们对国家、民族的关心，转移到人类、世界上。不是要你不关心国家、民族的问题，而是要减弱。一方面要关注在地的问题，另一方面要有全球的思维。今天对我们来讲，有两个最重要的问题。一个问题是什么呢，我们人要和平相处，人若不能和平相处，就是要自毁。而另外一个是，我们要怎么样跟环境和平相处？因为世界的、地球的资源是很有限的，你把水土统统弄坏，将来也是死路一条。在这样一个情况底下，孔汉思才讲今天我们要把整个的心态转过来。而他的盟友，美国天普大学史威德勒（Leonard Swidler），有一个更戏剧性的表达，叫作"不对话即死亡"（Dialogue or Death）。就是各个不同的传统，一定要进入对话的时代，如果不对话的话，那么，其结果就是会死亡。

所以到了今天的话，就是这样一个情况。我认为，"理一分殊"要给它一个全新的阐释，就进入到第四个阶段；全球地域化不是一个理论，已经是一个事实了。任何一个大的都市（metropolis），里面就是有各种信仰不同的人，这些人如果心态不肯改变，还是大家用仇恨来想，不免"祸起萧墙之内"。而且，搞得不好，有战争的话，就可以把人类销毁。而另外一方面呢，就是你跟环境，跟自然要和平相处，这个我们东方在理念上面是最有贡献的。所以这点，我们理念上走在前面了。因为近代西方现代化就是要勘天役物（conquest of nature）。中国人从古到现在就是要告诉你，保育水土，顺应自然。可是这并不是说，我们理念走在前面，我们的现实就一定在前面，不是这样子。其实我们中国有必要现代化，你不现代化的话，十几亿的人民怎么养得活。所以不是科学跟传统二选一的问题。而是说，一方面要现代化，可你不能用西方那种方式，你得用自己的方式。可是，在这个过程里面，大概中国过去十年对自然环境的损害，远大过过去的时代。这个时候一定要用新的思维来面对新的情况，怎么样在发展跟维持均衡，怎么样在传统跟现代之间造成一种平衡。在这个情况下，得对上一代牟宗三的讲法提出一种修正。牟宗三说，只有中国文化才能把握到常道，另外的传统都不行。可是你一采取这个立场的话，对话就不可能。所以我把"理一"往上面推一层，就到了"道可道，非常道"的"无言之境"。没有人能够独占"理一"，理一不在任何一个传统里面。中国文化把握到的理念，已经是通过中国文化的折射，所表达出来的境况，已经是"分殊"的一环。

在这样一个情况下，即使理念是从你这个文化出来，你也不占优位。今天我们要训练自己采取这样一种多元互济的方式。过去人不喜欢折中主义（syncretism），说折中主义没有原创性，可是排他性强，会造成灾害，所以得回到蔡元培讲"多元互济"。我认为从20世纪走到21世纪，多元互济才是一个新的主流。

今天我讲到这里为止。谢谢大家！

问答部分

王守常（主持人）：谢谢刘述先教授非常精彩的讲演！用一个半小时讲这么复杂的问题，我想在座的不一定能完全理解。简单做一个小结，刘先生是把宋明理学的一个非常重要的概念"理一分殊"用了四个阶段来讲。第一是讲理从先秦哲学到宋明理学被赋予了更新的内容。理变成一个绝对化、本一化的东西。但它不是西方的本体概念，所以刘先生讲这个理还是落实在自己的心里，是"自家体贴出来的"。所以用了一句话，大家比较熟悉，就是朱熹讲的"存天理，灭人欲"。天理既是绝对的，又是内在的，所以"饮食男女"就是人之大欲，"灭人欲"是把过度的需求灭掉。这样就养成一种生命学上的"理"的存在。第二部分，刘先生对宋明理学的历史，做了一个梳理。从濂、洛、关，到朱熹，闽学。刘先生不太同意这样一个历史分流，在此处突出了朱熹的贡献。这个理延续到近代，新儒家又进行了理学的传承，大陆跟台湾对新儒家方面有不同的讲法。总之新儒家是想重建一种中国文化的价值观念，怎样把民主的制度跟中国文化的传统，怎样把知识论跟中国的道德信仰结合起来。可是刘先生说，这样的结合大概还有一些缺陷，所以第四个阶段是刘先生自己的一个建议。也是从"理一分殊"这一概念讲出，"理一"是普遍化的、绝对化的，如果它落实在某一个文化系统，就是一个分殊。从这个角度说，应举行一场多元化的对话，这也是刘先生在实际文化对话上，作出的非常重大的贡献。他曾经在一次宗教圆桌会议上提出一个概念：世界宗教都要寻求一个普世伦理，中华文化可以贡献一个普世伦理，"己所不欲，勿施于人。"谢谢刘先生简短而精彩的演讲！下面大概还有十五分钟左右，我们就开放给各位同学，有什么问题都可以提出来，但是希望用最简短的提问，不用报姓名。

同学甲： 刘先生您好，我是学生物学的，想问问您，您怎么看待现代的科学，它为了达到人的目的，可以做各种各样的实验？甚至拿人来做实验？

刘述先： 这个问题很复杂，因为有一些科学家，为了他们自己做研究的目的，完全不管其他一切，就是要做他们的实验。那是有问题的，所以你现在看，在所谓的文明先进的国家，有一些东西还是不让你做的。所以对于这一情况有很多争论。比如说为了节制生育，有的人说，随时可以堕胎；另外一派的人就完全不能接受堕胎。那么这就变成尖锐的对立。孔汉思也不能解决这一问题。为什么不能解决呢？因为一牵扯到这问题，就先打架了，没有对话。所以，有些问题，并不是弄出一个全球伦理就可以解决的。但是，你可以尽量往那边想，那么我们可以采取一种折中的看法，就是说，你不可能完全去反对堕胎。我个人的看法认为事实上，可能养的问题比生的问题更重要。你并不是为了保护生命，把他生下来就好，生下来如果不养的话，对社会对个人，都变成巨大的问题。所以你不能先验地反对堕胎。可是反过来，一个生命，在什么时候可以堕胎呢？假若一个生命已经完全成形了，那个时候再去堕胎，就变成一件不人道的事，应该有法律严格去控制。否则的话，如果不把法律弄得很清晰，有些人甚至可能去谋杀人都不一定。所以我对此更多采取一种个人的观点。在民主社会里是多元的，不能用我的看法去强迫别人相信，只能够希望用一种合理的方法说服大家，采取一种比较合理的方式来解决。所以我们现在的潮流是，用合理代替理性。因为一讲理性的话就是绝对化的理性，可你讲合理的话，就允许大家有弹性来讨论，希望在弹性里边，南辕北辙的东西，减化到彼此可以妥协的情况。

同学乙：刘先生您好，我想问您一个问题，就是您怎样看待1935年1月份发表的《中国文化建设宣言》，和您刚才提到的1958年四位教授联合发表的这个《中国文化宣言》，及2004年在北京举行的文化高峰论坛当时所发表的《甲申文化宣言》？它们这三个文化宣言之间，是不是有一定的关系？或者说各个文化宣言的共性和缺陷在哪里？那么现在我们人类精神的安顿如何去进行规划和处理？谢谢！

刘述先：我自己对于发表宣言这种事情不太热衷，从来没有签署什么宣言。第一个中国文化本位的宣言是当时有一批知识分子，觉得西化过了头，所以他们要跳出来，为中国文化本位来讲话。可是他们的讲法呢，可能太偏了传统一点，所以哲学方面是很不够的。1958年这一个宣言呢，是唐君毅起草的，然后经过牟宗三、徐复观、张君劢他们修正，在哲学上面是有相当高的水平。我也很认同里面的很多东西。但是在今天来看，也有它的限制，刚才我的讨论已经指出，哪些地方可能是有限制。最新的这个宣言，我自己也不太熟悉那些东西，所以不能够回答。

同学丙：刘老师您好，我好像从一本书上看到牟宗三先生提过，如果新儒学不在清代被□□的话，有可能从头产生民主与科学。请问，您对此有什么看法？

刘述先：我想牟宗三先生没有这个说法吧。因为当代新儒家从来没有说自己可以产生科学与民主。这是外面的误解。刚才我已经说过，1958年那个宣言就是明白的肯认中国文化有它的限制和缺陷，所以学统跟政统，都要往西方去取经。所以没有说可以自己产生民主跟科学，没有这种说法的。

同学丁：老师您好，我提一个简单的问题。您对于政治层面上的所谓普世价值，比如自由，有什么看法。

刘述先：因为这不是我熟悉的问题，我先讲一讲我自己怎么会走上哲学的路。我是1949年自己一个人离开家，跑到台湾去。先到广州，等台湾的入境证。然后从广州坐船到基隆去。那个时候我15岁，自己的生命与国家、民族的前途要往什么地方走，统统不知道。我父亲希望我念科技，到时候能自己养活自己就好了。他也说，要留个读书种子在外面。可是我发现在那个情况底下，什么别的都不能念，所以我就把现实放在括弧里面，这辈子呢，先把东西哲学的理念都要去领略一番。这是很荒谬的一个幻想。但是我的确那样做了。那时我不是光做中国的东西，发愿先把世界的每一种哲学的潮流都去念，所以西方的、印度的那些我统统去念。我有本书《新时代的信念与方法》，在武汉出版的，就是我年轻时候的记录。所以我是有意跟现实与政治隔开，去讲理念的。大陆的现实政治，不是我研究的范围，也不是我关注的范围。可是我认为一个理念，它在某一种机缘底下，就可以跟现实发生作用。比如孔孟周游列国，怎么想到他们的东西在将来会变成中国文化的主流，没有人知道。朱熹死的时候还是伪学，死了以后，怎么会变成正统呢。所以历史现实的曲折，不是哲学家可以预料得到的。哲学家只会说，理念上面，我们要往什么地方走。我自己在理念上面，对于民主、自由、法治是绝对肯定的。我也很清楚，有很多人会利用理念来做许多并不是真正合乎理念的事情，所以以前才有那种说法："自由自由，多少罪行是借你的名而行。"所以我不会被任何民主、自由、法治的口号所骗。可是在另外一方面，在理念上面，如果我认为这个理念是正确的话，我一定坚持，绝对不退缩。

同学戊：刘老师您好，非常感谢您今天精彩的演讲，我的问题就是，我感觉第三期和第四期的划分不是特别的明显。因为在我的认知里面，认为是西方殖民开始的时候，全球化过程就已经开始了，并不是说到20世纪的时候才发生的一个过程。因此，我感觉新儒家现在的第四期与第三期实际上都是在全球地域化的背景下发生的现象，我看不出两者间有多大的时代差异。

刘述先：这个是有问题的。唐、牟在1949年的时候，他们是极少数的知识分子。当时相信共产主义理念的大多数的热血青年都投到共产党那一边。知识分子呢，也搞不清楚了，很多人在观望，大陆政权更替，然后留了下来，所以跑到台湾香港去的，是极少数的人。可是牟宗三就不一样，他从二十几岁开始，就认为共产主义的那个原则是不行的，所以他的全集出来以后就发现啊，他老早老早，二十几岁的人，就跟当时的人在辩论。他就认为，共产主义内有些专制的东西,他是不能接受的。到了1949年,他就跑了出去。唐君毅跑到香港,牟宗三跑到台湾。他那时全身的财产只有一两金子,其他一无所有。这个时候,熊十力跑到广州去,有人劝他去台湾,也有人跟熊十力讲,你用不着去,等你去到台湾以后,台湾解放,你就多一个罪名。而共产党的统战非常厉害,董必武、陈毅马上去找熊十力,所以熊十力留了下来,还做了政协委员。但是他在开会的时候,人家老远看到毛主席来,都一个个站起来毕恭毕敬地鞠躬,熊十力还是坐到老远,他没有动。他一辈子也没写过任何跟共产党有关系的东西,只是写他的《原儒》。有人说他写《原儒》是附和共产党,其实不是。他是认为他的理念比共产主义更原始、更古。所以他才写信给毛主席,结果毛主席没有回,交给周恩来去回。周恩来买了大字本的《共产党宣言》给熊十力看,熊十力也没有回应。那么,在当时的情况,对唐、牟来说,是存亡继绝。历史是很奇怪的,打朝鲜战争,变成非常大的一个关键性发展。朝鲜战争一打,台港都稳定下来了。所以1958年他们所发表的宣言,主要考虑民族的理念生死存亡的问题,不是全球化的问题。朝鲜战争以后,他们都转向学术。后来牟宗三写《心体与性体》《佛性与般若》,唐君毅写《原论》那种大部头的著作,全部都是后来的发展。我们是在这种环境里面教出来的学生。我1949年出去,没想到去念哲学。我父亲以为我会没饭吃,结果刚好相反,我一辈子没找过一件工作,都是工作来找我。全球化的变成一个尖锐的问题,是到近年来。所以我说的这第四个阶段,就特别把全球化的东西提出来,变成一个理念,牵出来讨论。那唐、牟的著作里面呢,他们当然有世界性的一个关怀,这没有问题,可是把全球地域化当作一个议题来讨论,就还不是他们那个时代,这是一个往新的时代去走的方向。

同学己:刘先生,我向您请教两个问题。第一个就是,当代新儒家将怎样发展?第二个请您谈谈对台湾问题、中日关系的看法。

刘述先:刚才说我只能负责我自己的理念怎么发展。新儒家怎么发展,有些人已经被认为是新儒家的第四代,把我划归第三代,已经是过去代的人物了,所以他们怎么发展,我不清楚。中日的问题,这是个现实政治的问题。但钓鱼岛的问题我们那代是管的。我们参加过钓鱼岛的抗争的运动,我觉得中国大陆和台湾的立场是对的,并没有任何的文件或者历史可以讲定,清楚地确定说钓鱼岛是日本的领土。美国只是因为跟日本有其他条约的签署,没有说钓鱼岛究竟谁属的问题。而且还不止是钓鱼岛的问题,将来还有东沙群岛、南沙群岛等等,因为牵涉到地下资源开采的问题。到最后,要主政者慢慢去讨论、慢慢去妥协才行。然而激进的民族主义把它掀起来,这不是一个好事情。所以政府到必要的时候,要把它抑制下来。我觉得那是对的,你不能够诉之于暴力。我自己是反对诉之于暴力的。

(第十三届蔡元培学术讲座,北京大学,
2011 年 11 月 14 日,孟繁之据录音整理)

论超越与内在的回环

李中华（主持人）：各位同道，各位同仁，各位同学，各位朋友，今天我们继续昨天刘先生深刻的学术讲演，题目很有逻辑性，昨天是理一分殊，今天是内在超越，一会我们就会听到刘先生精彩的第二场讲演。今天我们也荣幸地请到杜维明先生，杜先生是北京大学高等人文研究院的院长，他和刘先生几十年来在海峡两岸、世界上建立起当代儒学的桥梁，这是当代第一代、第二代新儒家为之奋斗的目标，他们做了非常大的努力，所以我想先请杜先生为讲座作一个简短的致辞，大家欢迎。

杜维明：李中华老师、各位老师、各位同学，我非常荣幸能有这个机会来参加这场讲座。刘先生与我是师友。我在东海大学念书的时候，刘先生曾经教过我古希腊哲学，后来一直是我的老师，也是我的朋友。刘先生是当代最杰出的哲学大师之一，他从大学开始，一直在做哲学，不仅研究哲学、理解哲学，而且直接深入哲学的内部，很有创建性。同时他是一位在学术界极有成就的学者，他对朱熹的研究、对黄宗羲的研究、对理学和心学的研究都有独到、全面的见解。他也是文化中国极其杰出的知识分子,在大学时代,他就发表了多种不同的观点来关切中国的政治,参与社会,特别突出对文化的理解。他不仅在文化中国之内,也在世界教育界,发表了很多重要观点,而且在文明对话、比较宗教学、比较哲学等方面也有突出的贡献。今天讲的内在超越,是刘先生一直在阐释、发掘的一个问题,所以非常荣幸有机会聆听他的讲话。谢谢大家!

李中华:非常感谢杜先生的致辞。他作介绍是最好的,因为杜先生非常了解刘先生,并且是并肩做学问的两位。今天还是像昨天一样一个半小时的讲座时间,给大家留十几分钟提问。今天我来之前汤先生专门给我打了个电话,一再叮嘱要关照好刘先生,因为很辛苦,北京天气冷且干燥,担心刘先生身体,从台湾来有些不适应。刘先生精神很好,昨天给我们讲了理一分殊,今天讲内在超越,这两个问题是儒学研究最重要的两个问题,刚才杜先生已经介绍了。下面请刘先生做讲演。

刘述先:谢谢主持人,也谢谢各位。我自己做的工作是做一天和尚撞一天钟,几十年守住我的岗位,做一些学术研究,写些论文,如此而已。杜维明在哈佛有一个枢纽性的地位,跟各方面对话宣扬,别人才知道新儒家。

昨天我已经提到过去西方对于儒家的传统有非常严重的误解,把儒家的传统当做一个伦理的传统,也就是说只有内在面,没有超越面。通过当代新儒家几代人的努力,现在西方世界已经越来越了解儒家是一个精神传统,也就是说,也有一个相当于宗教信仰层面的东西。孔子说:"朝闻道,夕死可矣。"这怎么可以说只是伦理的问题呢？几千年下来，就发现儒家可以提供安心立命或者安身立命之道，所以是有精神上的重要性，这是不言而喻的。但是，"宗教"这个词是有麻烦的，因为儒家两千多年的传统，从来不是一个所谓的组织宗教，如果把儒家说成宗教的话，会引起好多方面的麻烦，所以我避免用这个词。但是，可以把儒家当做精神传统，因为在精神方面可以让人安身立命。一旦把儒家当做"终极托付"，用传统的话就是"吾道自足，不假外求"。这就是安身立命之道，可以提供精神上的慰藉。所以把儒家当做一个精神传统，应该是没有太大的问题。近年来，这种观点越来越得到西方的认可。维明在全世界精神传统系列编了两大卷的《儒家的精神性》，在2003—2004年已经出版。我也在里面写了一章，就是关于当代、现代新儒学的一章。

今天我要谈的是超越内在的问题。"超越"和"内在"不是我们中国的词语，但并不是说我们中国古代没有这个问题。没有这样的名言并不表示古代就没有与此相关的思考，没有相对应的行动。通过当代新儒学的努力，形成了一种观点：就是我们儒家传统是一个所谓"内在超越"的传统。就是说我们儒家文明绝不只是一个俗世文明，是有精神的重要性的。可是这种超越性是很特别的一种形态，这种形态与基督宗教有很大的差异。基督宗教有不同的分支：有天主教、基督教（新教）、正教。基督宗教是"外在超越"，像《创世纪》讲的，上帝创造世界。上帝是纯粹的超越，什么叫纯粹的超越？因为他创造了世界，可他不是世界的一部分。所以是外在的超越。可是我们中国的超越呢，完全不是这样的形态。在中国的世界里面，特别是《易经》的传统，一方面有超越面，因为《易传》里面讲得很清楚："形而上者之谓道，形而下者之谓器"，无形的根源是道超越的一面。道在世间，就是事事物物。这就到了形而下的世界，那就是内在面。西方基督宗教的传统不同，上帝和人是不对等的关系。人只能去敬奉上帝，神、人之间没有平等的关系。可是我们《易经》这个传统，一方面形而上、形而下分别得清清楚楚，我们也有超越的那一面；但是，道流行在天壤间，道与器是不可离的。用朱熹以后的术语来讲的话，即"不离不杂"。不是同一的东西，可是我们还是讲天人合一，就是天人之间有一种对应的关系，大体是道不离器，器也离不开道。道一定要具体落实，道离开器根本就不可能落实，所以在这样一种情况下，道与器是不可离的。

我这样讲儒家与基督教的差别，本意是为了避免争议，就是说彼此都有一个超越科学的层面在内，当然是完全不同的。就这一点儒家的精神传统和基督宗教的精神传统是有一个对等的层次在内。也就是说，科学要建立在越来越多可信的证据上面。田立克（Paul Tillich）将上帝归入 faith 的层次，是"信仰"的层次，但 belief 这个词也可翻译成"信仰"，必须做出一个非常重要的区分，就是说 belief 是科学的基础。也就是说，一旦有科学的假设，建立的知识只有或然性没有必然性。但是 faith 是不同的，一旦你相信耶稣基督被钉死在十字架之后复活，这种东西没有科学可以证明。对于耶稣的生平，如果从历史考据上面讲的话，材料非常少，但是基督宗教就有这么一个奇怪的情况，从罗马脱颖而出，变成很多人信仰的东西。这就是 faith，十字架变成一个象征（symbol）。变成象征的意义是什么？解释说，一个世界的终结是另一个世界的开始。耶稣尘世的生活是终结了，可是他钉了十字架以后复活，又开启了一个更丰富的世界。从这种角度讲，我们在世间，有各种各样的问题，都是暧昧的境遇。要克服这种暧昧的话，唯一的就是把自己托付给上帝，答案是在彼岸的。可是有一些正宗的基督教徒不接受这种讲法，为什么呢？因为要在神、人之间建立一个对应，把绝对超越的上帝拉了下来，所以有些正宗的基督教徒认为这是无神论。我的博士论文对他的批评恰好是从另外一个反方向，基督宗教的信徒认为超越性还不够，可是我们儒家说世间提出的问题为何要到彼世去寻求。所以宗教还是强调另外一个世界，我们儒家讲吾道自足，是现世性的。这样一来，我认为我们儒家有超越的一面；可另一方面，我们跟基督徒的超越不同。我提出这样的见解后，基督教不断地演变，到了当代，有很多人越来越重视现世，所以对我的讲法提出了质疑，说基督宗教也非常重视现世，所以你这种讲法是有问题的。我的回应是，我晚近的讲法比以前要复杂一点，基本观点并没有改变，可是表达要照顾到更多面。我现在的说法是：任何一个伟大的精神传统都是同时有超越面和内在面。以天主教而论，这么大一个宗教组织，还有教皇，这是个现世的组织啊。所以说天主教怎么能没有内在性，当然是有了。虽然天主教在世界上有这么大的势力，但还是外在超越，还是纯粹超越。原因是尽管上帝可以在世间有其代表，但是这并不改变我在前面说的上帝创造了世界却不是世界的一部分，那个问题没有改变。而我们儒家认为道器相即不离不杂，道流行在天壤间，还是内在超越。所以我不认为那些质疑可以动摇我在前面讲的东西。我现在比较新的一种看法是，我们不要纠结在儒耶对立上面。正好相反，儒耶都受到现代的挑战，在这样的情况之下，像是坐在一条船上。我们儒家可以跟其他精神传统学到什么东西？表面上看，信仰是一个永恒的东西，好像跟现代化没有关系，但是不然。基督宗教到了现在也要有不同的表达，对时代环境作出回应。与此同样，昨天我讲朱熹，朱熹六七百年影响，可是到了后来，朱熹那套东西还能用到今天吗？绝对不能啊。儒家到了今天也要找今天的表达方式。所以并不只是科学才有现代化，宗教信仰一样也要受现代冲击。在启蒙以后，好像在文明的光照之下，把迷信都去掉了。但事实发展的情况正好相反，科学昌明到今天，能把宗教信仰摧毁吗？今天的宗教与中世纪的不同，现在人指出威胁最大的东西是虚无主义，要克服虚无主义的话，不能没有信仰。所以在这种情况下，在当代不是说要与宗教切断关系，而是说在 faith 这个层面要留下空间，让它有所发展。回顾人类精神文明，过去宗教信仰主要的意识形态是"排他主义"，你就得要信我这套，不信就是异端。西方在过去不但不同宗教之间不互相认同，就是在基督宗教内部，也是不相容、互相排斥的。我在台大时，发现基督宗教不同派系教徒之间互不来往，感到困惑。我的大一英文教师是新教徒，他讲："你不明白，我们信基督，打个比方，我要去高雄，可是天主教徒搭上火车去了基隆。怎么能够到目的地呢？"所以同为基督教徒也互相不理，互相排斥。这些宗教的争议是不可能消解的。我后来发现，在一个伟大的宗教里，不但是同时有内在面与超越面，其内部之间不同的对比远大于儒耶之间的对比。现在竟然有所谓"波士顿儒家"。哈佛的杜维明重视"仁"，波士顿大学的南乐山（Robert Neville）与白诗朗（John Berthrong）重视"礼"。到今天发展了一个新的情况，他们认为他们的价值跟我们儒家有很多相合的地方。儒耶之间相合的程度远高于耶教基本教义派与自由主义派（liberals）之间的分歧。大家同住波士顿这样一个大都会，隔壁邻居印裔的家庭不信耶稣基督,他们这些人死后要下地狱,这讲不通啊。所以今天西方的主流思想往多元互济的方向走。一方面现代,是自由的世界,有信仰自由。而人人都被他的传统所约制,有些人口口声声讲传统是不好的,实际上他逃不出传统的羁绊。里面一个很清楚的情况就是像胡适这样的,他彻底西化,可他一样穿长袍,很多的行为都是中国知识分子的样子。他的弟子傅斯年也是,更强烈地反中国传统,可是很多行为模式都是中国式的。这个你逃不掉,任何人都是要从自己的本根出去找到一个能够安身立命之道,到最后都要接触到 faith 的领域。所以我们今天谈这个信仰问题,不是自己能够闭门造车的,不能。

生活在现在这个世界就有这个问题,并且是比较严重的问题。我在上次讲的时候已经点出来了:我们今天面临一个时代,一个什么时代呢?典范转变的时代。上一个典范转变要回到文艺复兴的时代,就是过去认为地球是中心,可是到了哥白尼以后,变成太阳中心了。这个变化不是枝枝节节的变化,是整体的变化。到了今天,我们碰到一个新的典范转移,这个转移,就是我上次演讲到最后提到的全球化的问题。整个地球变成地球村,地球上由不同国籍、不同族群、不同信仰的人活在一起,如果不能和平相处,仇恨地、敌对地来看对方,那么会怎么样?会很危险的,核战可以走上毁灭的道路。而不单是人跟人之间的冲突,我们所寄居的地球也一样发生危机,到现在已变成一个很小的地球村,资源是很有限的。如果不保护资源的话,地球没办法永续。在这种情况下,如果不在态度上有一个彻底的改变的话,这个世界是危在旦夕的。上次我也提到美国天普大学的史威德勒(Leonard Swidler)喊出一个非常戏剧性的口号:"不对话即死亡。"他提出这个口号的时候是在"9·11"之前,美国从来没有受到境外的攻击,打了两次世界大战,美国也没受到攻击,所以双子塔给美国一个很大的震撼。到了今天,我也指出,波士顿是个大城市,伊斯兰的后裔、亚裔都有,如果这些人不能和平相处,要在里面弄炸弹,你防不胜防。这种事情不是造飞弹可以解决的,要把我们的心态调整过来。在这样调整的时候,要有两个阶段:一个阶段是你要理解传统,你要怎么样理解这些传统?我的老师方东美教授在我念书的时候提出两句话给我启发,对一个精神传统,你要"入乎其内,出乎其外"。你不进到一个传统里面,你不晓得它的关怀。你要进入到它的内部去,必定要有同情的理解。这是第一步。可是一旦你深入一个传统,就会对其有好感,慢慢地认同,这样子新的危机又来了,可能从一个边缘走到另一个边缘去。这个时候你要灵活一点,不要投进去变成一个信徒,因为变成新的信徒后有可能产生新的不好的东西,到后面再做讨论。现在看当代新儒家做了什么事情?就是在整个民族发生危机的时候,也就是说第二代的新儒家像唐君毅、牟宗三所面临的存亡继倾的时代,把一些要亡失的东西存下来,在倾倒的时候不让它倾倒,在那个时候,才会发出一些非常激越的言论,要特别彰显很快就要灭亡的一个传统,要担负起来,不能让它失去。这本来像是一件毫无希望的事情。上次我也讲到,人生就是这样,你不能够预料历史。你怎么知道后来要打朝鲜战争,又打越战?1950年朝鲜战争一打,台港就安全。唐、牟这些人变成学院里的教授,教育下一代,就是我们这些人变成第三代了。我们这些人的幸运是生活在离乱之中,一辈子过非常安静的学术生涯。所以我们面对问题跟上一代完全不一样。在唐君毅、牟宗三那一代，特别强调中国文化的精神价值。牟宗三讲只有中国文化彰显常道。可是我上次演讲就已经指出来，牟先生这种讲法到了今天已经不合适了。我们第三代都是强调对话，如果我们去跟别人谈只有中国文化有常道，那就不要谈了，把对话的门封掉了。所以我们回过头去看牟先生东西的时候，不能只看他讲什么，要看他指向的是什么。重新看牟先生的东西就发现他的东西其实很复杂，不能那么简单地给他解释。所以要给牟宗三一种新的诠释，通过新的阐释，必须要用另外的概念另外的名言才能够面对新时代的问题。这个问题是我们这一代跟以后的世代必须要去面对的。这里面又有两个层次的问题：一个是普通老百姓的层次问题，至少先不要乱搅，你和你的印度邻居要好好相处，不要歧视人家，应该去尊重别人，转化别人。个别心态需要改变，当然这不是容易改变的。因为在民间，有很多很多的偏见，这些偏见也不会一天走掉，但是慢慢宽容在不断地推广。再就是学者，精英的层面。

　　自己在一个传统里面，必须要把传统最好的东西阐发出来，每个传统都有好东西和坏东西，我们要如实地理解这样的传统。我年轻的时候受到唐君毅的影响，他1949年从大陆逃到香港的时候，跟钱穆先生一起办书院。他那时候什么都没有，书也没有，在非常艰苦的时候，完全凭他的记忆，凭他的构想写了一本书，这本书的名字叫《中国文化之精神价值》，将中国文化的天道人道从他的新儒家观念做了新的阐发。而这些东西不是凭空来的，牟先生对于早年的唐先生是非常推崇的，他在抗战时代出了一本书，叫《道德自我之建立》。回到抗战的时代，就发现唐、牟有一种自信，对于外在没有任何依傍，信心十足的根源是发现内在的主体性。什么东西要是没有主体性，自己做主宰，就会跟着潮流走，东风吹来向东倒，西风吹来向西倒，这样子是没有救的。主体有两个，就是道德主体与认识主体，唐先生阐发道德这主体是非常深入的。而牟先生则阐发认识主体。他早年在北大，是学形式逻辑的，知道符号逻辑演算的东西，他的老师是张申府、金岳霖。通过演算的逻辑去回顾逻辑的源头，就发现在西方流行的东西统统都不能满意，后来发现根源在于他们没有建立认识主体。这是反思的东西，看不见摸不到，但是作用性非常重大。因为不建立主体的话，就没有根。牟先生出了一本书叫《逻辑典范》，与唐先生《道德自我之建立》同时。后来他又不满意了，到台湾去之后就另出了一部书《认识心之批判》，两大卷。没人印这书，谁给你印？后来在香港印了出来。美国人把钱给这些学者，让他们去做，好多书是在这种情况下在香港出版。第二代的新儒家作为知识分子，彻底跟时流是对反的。唐、牟在抗战的时代影响不大，因为他们只是中年的学者。跑到港台之后，在现实上面根本就没有依傍。但是他们的担负很强，跟时代潮流相抗，他们认为不光是中国，整个的世界，主体没有，理性不彰显。在这样的情况下，得到一个苟延残喘的机会，就把自己的生命投注到学术里面，著书立说，牟宗三写《现象与物自身》等，唐君毅写他的《中国哲学原论》《生命存在与心灵境界》。所以第二代在学术上的造诣高，并不是由于外在的压力。现在的学界你不出版，升职也升不了，是外在压力。唐、牟他们那些人为什么做学术？完全是内在的生命、良心的呼唤要他们去做这些事。所以他们的学术不能跟一般的知识分子只是为了外在的原因做学术工作比，因为这些学术工作跟他们的生命是打成一片的。

现在回到内在超越的问题，大家可以看到，唐、牟在前一个阶段写文章，宣扬中国文化的价值，在后一个阶段，做学术工作。一定有个超越面在内，跟他们内在的良心结合在一起。对新儒家来说，首要就是从内在精神超升。这个东西并不是独一无二的，你去看整个的中国的传统，都是这样的。孔子如不是周文疲弊，他怎么会弄出仁内礼外的那些东西出来，也是被危机时代逼迫着去做一些事情，找到一些事情可以让他有精神上的依托，才可以说"朝闻道，夕死可矣"。孟子则是在战国更乱的时代，通过有限的生命去把握超越的力量。中国先秦，也有真正的超越。安乐哲（Roger Ames）说先秦没有超越，意思是说不能把西方的观念硬套到中国里面去，但他不自觉地把西方和中国弄成彻底的二分。其实先秦不是没有超越，只是他的超越是另外一种形态，就是说"内在超越"。安乐哲认为内在超越不是超越，后来遭到批判。任何一个大的文化传统都是"活"的，没有一个文化传统是永远不动不变的。如果没有人从新的角度去阐发传统，这个传统就死掉了。中国的传统到了今天，怎么去阐释这个传统不是外国人可以代言的，所以安乐哲怎么可以代表中国的知识分子说话？中国知识分子根据自己的传统，才有资格发言。安乐哲承认宋明理学是有超越的，他认为宋明理学的超越是从印度来的。可是我们新儒家的看法不是这个样子。孔孟已经有内在超越，这个内在超越到了宋明就有新的概念、新的名言出来，这个我昨天就讲得很清楚。到了二程，他们也是在道德沦丧的现实里面，在一个崭新的时代，他们要找出路的时候。他们怎么找？出入老佛几十年，反求诸六经，而后得之。"天理"二字就是自家领会出来。所以在宋明那个时代里面，通过自己内在的呼唤（calling），弄出新的东西来,这又是一段。然后就跳到当代新儒家,唐、牟他们就是新的内在的呼唤。宋明理学是回应道佛的挑战,而到了当代是回应西方的挑战。

我们现在看唐、牟是如何回应的。这一点用唐先生作为出发点,比较容易,就是《道德自我之建立》里所谈的,步步超升,一直到道德主体建立为止,是一个从本根出来的回应。特别的一点是什么?唐、牟都没有留过学,可并不代表他们不懂西方哲学。唐、牟只是大学毕业,牟宗三是北大毕业,唐君毅是中央大学毕业,如此而已。可是,你去看唐先生写的《哲学概论》,中西方各种哲学各种潮流全部都纳入到那里面去,几乎等于哲学百科全书。牟先生讲得很清楚,他根本没念几本书。但他看一本书抵你一百本书。一开始去听牟先生不容易接得上。因为他是山东人,讲话有山东口音,先是听不懂他讲什么话,加之他又讲一大堆新名词,不知道讲些什么,但如果听久一点,慢慢他的山东话你就可以习惯了。而他的概念名言虽然很抽象,可是一旦你知道他的概念名言是什么,你就发现条理清清楚楚。他随便讲,你录下来,一篇讲稿就出来了。他的那些讲录在香港,现在整理出来,还在《鹅湖》杂志刊登。而他写东西更是妙,他写字用毛笔写,写下来拿出去印就是一篇文章。他说文章写完以后,他身体气就通了。我们坐那里写,时间长了就受不了。所以一开始不太容易从牟先生那里进去,从唐先生《中国文化之精神价值》就容易进去。但唐先生越做越复杂,他晚年东西就不好理解,太复杂了。但早年《中国文化之精神价值》,更早《道德自我之建立》,文字好懂,也有力量。那么,唐先生是怎样回应西方哲学的呢?他去找道德根源。康德对道德就有一个严格的划分,一定要把道德伦理跟习俗分开。到了任何一个新的地域，都有一个礼仪的规范，行为有一种准则，必须入境问俗。这种东西康德讲，不是道德，是习俗。它们是多元的，所以这个领域是人类学研究的范围。道德伦理的范围是什么？是他讲第二批判，即《实践理性批判》，道德伦理行所当为是无条件的。作为伦理的原则，康德的重要性在哪里？通过第一批判，即《纯粹理性批判》，可以建科学——通过感性直观，然后到了理解范畴，就可以把科学知识建立起来。可这些科学知识都是关于现象世界，一旦去追问其形而上的基础的时候，就产生二律背反，各种问题就出来。那些东西是不能靠科学靠逻辑建立的。所以到道德律这一层，牵涉到"意志自由"，不受因果制约，这儿就有一个跳跃。这不止影响牟先生，也一样影响唐先生，所以唐先生在道德内在去找这个道德自我的时候，就发现层层不断的超越。唐先生在作中西哲学对比时，利用西方的东西来阐释我们的传统。我们的传统怎么可以讲成俗世伦理？俗世伦理作为习俗只是康德的人类学研究的范围，一定要找到源头。找到这个源头就发现康德的不够，为什么不够？因为即使康德写《实践理性批判》，也还是不能建立主体。所以这个主体性要超越康德，甚至超越黑格尔，回到我们中国传统，一直回到王阳明讲的"良知"。王阳明不知道西方哲学，他也不知道什么主体。可是王阳明所体现的良知是个主体，是很清楚的。通过与西方的比对，通过自己——杜维明讲的——"体知"，就可以建立一个这样的主体。所以传统的心学虽然不懂得现代西方的术语，可里面的概念都可以把它阐发出来。这里还有一个新儒家跟怀特海（A. N. Whitehead）的关系。怀特海到美国去，英国人把怀特海当成英国哲学家，美国人把怀特海当成美国哲学家。我的老师方东美教授非常欣赏怀特海。牟宗三在年轻的时候也非常欣赏怀特海，当他写《认识心之批判》的时候，就再也不喜欢他，为什么？关键就是刚才讲的，缺少明确的主体性。抗战时他跑到后方去。熊十力是当代新儒家的源头，他的年龄比冯友兰大，他是第一代新儒家。但是他在北大没有很大的影响，只是在佛教内部有很多的反响。梁漱溟在北大教《唯识论》，后来兴趣不在做学术，说要离开，那么什么人可以继承，讲他的课呢？这跟熊十力有什么关系？熊十力本来是搞革命的，跟蔡元培是同志。可是革命以后呢，发现中国完全没有改好，所以他出的第一本小书《真心书》，就说"革命不如革心"，只是外在的革命改不了中国。他看了佛家的东西，觉得没什么道理，写了封信给报纸，说佛家的东西根本就不通。那篇文章让梁漱溟看到了，大怒，写了封信给报纸，说这个人完全不懂佛学，简直是胡扯。有一天，梁漱溟在家里，有人敲门，开门是熊十力，梁漱溟问，你来找我干什么？熊十力就跟梁漱溟讲，你骂我骂得很对，我就是不了解佛学，完全不懂，你懂你来教我。梁漱溟说，我有什么资格教你？有兴趣我可以推荐你去跟欧阳竟无大师学佛。熊十力说求之不得，就通过梁漱溟的介绍跑到南京支那内学院去了。我到过那里，熊住过的房间有个木板床，说这就是以前熊十力睡的。熊十力穷到什么地步？只有一套内衣裤，一套外衣。洗了内衣只能穿外衣，洗了外衣只能穿内衣。可他也无所谓，就在里面念，一念就念了两年。到了梁漱溟离开北大的时候，就把熊十力请去做讲师了，专门教这个课。蔡元培也认为熊十力没什么问题，来了以后，就教《唯识论》。因为他是湖北人，讲的口语北方人不懂。编写了三次讲义，说不是我讲不通《唯识论》，是《唯识论》不通。所以他就写《新唯识论》，发表之后，内学院就说熊十力叛师。熊十力说："吾爱吾师，吾尤爱真理。"熊认为唯识论把现象讲得很清楚，对佛学有一定的贡献。但是只讲无常故空，真正的创生性没有交代，这个东西到哪里去找？要回到中国哲学的源头——《大易》，就是《易经》《易传》。写出《新唯识论》后，署名黄冈熊十力造，难道把自己当成龙树菩萨？不管怎么样，佛学界虽对熊十力口诛笔伐，他自己还是有个领会。到了抗战时期，他把《新唯识论》改写为白话本，由商务出版，一出来就震动哲学界，突然之间声名大噪。好多学生围绕在熊十力的身边。但唐、牟这两大弟子继承的不是熊十力的学术，因为他们表达自己的学术都是从西方的理论来的，他们的睿见不是熊十力的。而牟宗三为什么被熊十力吸引？念大三时，有一天他跑到熊十力家里，正好冯友兰来访问熊十力，谈到王阳明的良知，冯友兰说良知是个假定，并不是完全错的，因为他是从康德那里来。康德说"自由意志"是个基设（postulate），如果没有，道德就没有着落，我们在道德范围里面，不是受因果决定，而是对我们自己的行为负责。当时熊十力听到冯友兰这么讲，就大吼一声，说："良知怎么只是个假定，良知是个呈现。"牟宗三谓：这霹雳一声，直是振聋发聩，把人的觉悟提升到宋明儒者的层次。到1958年元旦唐、牟发表一个中国文化与世界的宣言，在道统上，一定要接上中国文化。

然而道统内圣的方面比较强，外王方面根本不够，科学、民主统统不够。所以我上次讲，第二代的新儒学绝对没有讲中国文化是完美的，是足够的。中国文化有不可弃的部分，就是刚才讲的，从熊十力继承下来到唐、牟的，那个不可弃。虽然心性之学是了解中国文化的基础,但是我们缺少逻辑学,缺少客观的学统,要往西方去学,也像牟宗三讲的,我们只有治道,没有政道,所以一定要把它架构起来。牟宗三绝对没有讲中国文化可以开出民主跟法制,由治统到政统,我们要跟西方学习。但是,中国的道统是常道。这就到了我们今天,又有了新的变化,需要多元互济。就是说每个传统都要重视它的内在问题,都要重视它的超越。我们不需要证明儒家更优胜,只要在众多的传统里自己可以立足。所以你一旦理解这个脉络,就知道我们中国人的超越面不需要扯进西方那个方式,先建立良知主体,一般人认为当代新儒家是反"五四"的科学和民主,绝对不是。但是它要通过自己的本根去吸纳希腊的逻辑,近代西方的民主法制,然后弄出一套东西,是跟西方既同而又不同的东西。我们要不断超越,把握超越的层面,又要不断回归内在,落实到具体现实的层面。既超越而内在,既内在而超越,不断回环,以开拓个体和群体的生命。

(第十四届汤用彤学术讲座,北京大学,2010年11月15日,刘新华据录音整理)

论孔子思想中隐涵的"天人合一"一贯之道
——一个当代新儒学的阐释

当代新儒家的一大贡献在于指明儒家思想绝不限于一俗世伦理,实具丰富宗教意涵[①]。我继承这一传统在70年代初即借田立克(Paul Tillich)重新界定"宗教"(religion)为"终极关怀"(ultimate concern)之说,以英文撰文畅论儒家思想之宗教意涵[②];嗣后不断以中英文著述阐发斯旨,自谓不无会心之处[③]。然儒家"为己之学"之思想渊源虽来自孔子,心性论、天道论之畅发却不能不归功于孟子,恰如象山所说:"夫子以仁发明斯道,浑无罅隙。孟子十字架开,更

---

① 参见《中国文化与世界宣言》,由唐君毅、牟宗三、徐复观、张君劢四位先生签署,原刊于香港《民主评论》1958年元旦号,收入唐君毅:《中华人文与当今世界》,下册,台北:台湾学生书局,1975年,第865—929页。

② Shu-hsien Liu, "The Religious Import of Confucian Phliosophy: Its Traditional Outlook and Contemporary Significance," *Philosophy East and West*, Vol. 21, No. 2(April, 1971), pp.157—175.

③ 参见刘述先:《由当代西方宗教思想如何面对现代化问题的角度论儒学传统的宗教意涵》,刘述先主编:《当代儒学论集:传统与创新》,台北:"中央研究院"中国文哲研究所筹备处,1995年,第1—32页。

无隐遁。"(《象山全集》，卷三十四）这不免启学者之疑，芬格雷（H. Fingarette）即以孟子思想有主观主义之嫌，未符孔子本旨①。我已为文予以辨正，罗列证据，说明孟子心性论确为符合孔子思想精神之进一步发展②。这一部分做得差强人意，原因在于孟子思想显豁，虽有些比喻不当也可能滋生误解，毕竟容易下笔，困难不大。孟子道性善，这完全出自他的创发，为孔子潜在的"人的可完善性"的信仰找到了超越的根据，而性由心显，指示了做修养工夫具体入手的途径，岂云小补！但《论语》中子贡证词虽曰："夫子之言性与天道，不可得而闻也。"（《公冶长第五》）事实上孔子多处言天言道，不像根本不言性，理论效果自不可同日而语。孟子的天道论也的确沿续孔子而来。但要讲孔子的天道论就不免困难重重。如果遵守考证在方法学上的严格标准，不容许像宋儒那样在义理上作自由的发挥，不准用《中庸》《易传》中已经杂有后儒思想的材料，单凭《论语》中记述的那些话要组成一融贯的思路，委实大非易事。我曾作过多次尝试③，虽然近年来已有寸进，究竟未全慊人意。这一阵类聚

---

① Herbert Fingarette, *Confucius: The Secular as Sacred*（New York：Harper and Row, 1972）.
② 刘述先：《孟子心性论的再反思》，李明辉主编：《孟子思想的哲学探讨》，台北："中央研究院"中国文哲研究所筹备处，1995 年，第 75—95 页。此文已译为英文，参见 Shu-hsien Liu, "Some Reflections on Mencius' Views of Mind-Heart and Human Nature," translated by Kwong-loi Shun, *Philosophy East and West*, Vol.46, No.2（April, 1996）, pp.143—164。
③ Cf. Shu-hsien Liu, "Confucius," in *Chinese Thought*, edited by Donald H. Bishop （Delhi, Motilal Banarsidass, 1985）, pp.14—31；刘述先："两行之理"与安身立命》，《理想与现实的纠结》，台北：台湾学生书局，1993 年，第 211—219 页。
　　当代新儒家莫不尊崇孔子，但对《论语》则有不同看法。业师方东美先生认为不

子贡言天、言道的那些条目，忽觉有了前所未有的突破，好像把拼图中最后那一块放对了位置，终于为孔子思想中隐涵的"天人合一"一贯之道找到我自己觉得心可以安的解释，因为是文，与同道分享。

让我们由明显易见的开始。对于传统鬼神以及天的信仰，孔子采取了十分不同的态度。以下我们先由《论语》作出征引，然后进行讨论。编号是随意的，只是为了方便，并无深意。

(1) 子曰："非其鬼而祭之，谄也。见义不为，无勇也。"(《为政第二》)

(2) 祭如在，祭神如神在。子曰："吾不与祭，如不祭。"(《八佾第三》)

(3) 王孙贾问曰："与其媚于奥，宁媚于灶，何谓也？"子曰："不然，获罪于天，无所祷也。"(同上)

能由《论语》把握孔子思想，而多引述是《易传》。熊十力先生则认为：大凡《易》《春秋》《周官》皆孔子所作，重点也未放在《论语》上面。这些说法难以通过严格考据的检证。唐君毅、牟宗三先生均重视《论语》，尤其牟先生以"践仁以知天"标举出孔子思想之纲领，可谓得其紧要。但牟先生讲圣人境界，每引《中庸》"肫肫其仁！渊渊其渊！浩浩其天！"以及《易传》《孟子》语，大体依宋人义理加以发挥，并不拘于章句训诂，仍不免引起物议。只有徐复观先生兼顾义理与考据，却又以"天"只有虚拟义，与著中国哲学史之劳思光先生同调。我所作的实乃一种新的尝试，经过多年摸索始有本文之作。

拙文只须利用《论语》一般通行版本，也不必仰仗训诂新释，仅诉之于《论语》本身材料，即可证成敝说，可谓最为直截。而讲到版本、训诂、考据，就不能不牵涉到种种复杂问题，其本身又不具备决定性，仍不得不依赖适当、合理之推测与阐释，始得自圆其说，却不免绕一个大圈子。读者如对这一类的问题有兴趣的话，可参阅林义正：《〈论语〉"夫子之文章"章之研究》，《台湾大学文史哲学报》第42期（1995年4月），第1—31页。

(4) 樊迟问知。孔子曰:"务民之义,敬鬼神而远之,可谓知矣。"
(《雍也第六》)

(5) 子不语:怪、力、乱、神。(《述而第七》)

(6) 子疾病,子路请祷。子曰:"有诸?"子路对曰:"有之。诔曰:'祷尔于上下神祇。'"子曰:"丘之祷久矣。"(同上)

(7) 季路问事鬼神。子曰:"未能事人,焉能事鬼?""敢问死。"曰:"未知生,焉知死?"(《先进第十一》)

很明显,鬼、神对于孔子来说,乃属于同一范畴。民间一般对于鬼神的态度,一则是怕惧,一则是对之有所求,献祭的目的在于祈福。这一直到现在还是如此,晚近台湾揭发教棍借显灵敛财之事,闹得风风雨雨,有不可收遏之势。其实一般人的心理并不难了解,穷人捐献是为了逗侥幸或祈来世,富人则是为了死后买保险。不想孔子在二千五百年前对于鬼神采取了一种最为合理的态度,在当时可谓一突破。他并没有否定鬼神的存在,只是拒绝在不合礼义的方式之下与之打交道,敬鬼神而远之,这是多么有智慧的做法!事实上科学昌明,并不能像启蒙心态所想象的那样,可以证明无神。反而荷雷西阿对哈姆雷特说的,天地间有太多超出吾人理解之事,是远更合理的态度。此所以在科技最发达的美国与日本,还有那么多人崇信像大卫教、真理教那一类所谓的邪教。我们对于鬼神显灵的现象应持一种开放的态度,不可迷信地信仰其必有,也不可先验地断定其必无,一切将取决于未来进一步证据的搜求,以及理论的探索。然而我们行为的准则却是另一回事,这便是孔子睿识最深刻的地方。

鬼神的存在虽不可必，也不是孔子关心之所在。对于合乎礼义的祭祀，孔子则是全幅肯定的。祭祀是礼，孔子对于礼是重视的，这由下面的一个小故事可以看得出来。

(8) 子贡欲去告朔之饩羊。子曰："赐也，尔爱其羊，我爱其礼。"（《八佾第三》）

丧礼是最重要的一种礼，为什么它是这样重要呢？曾子有一种说法是很有意思的：

(9) 曾子曰："慎终追远，民德归厚矣。"（《学而第一》）

但曾子这样的说法是否有功利主义之嫌呢？重视丧礼固然可以收到民德归厚的效果，但其所以能够收到这样的效果，恰正是因为丧礼的设计乃本之于人心自然的归向[①]。对于孔子，礼义绝不只是外面的仪节，这由下面的引文可以看得出来。

(10) 林放问礼之本。子曰："大哉问！礼，与其奢也，宁俭；丧，与其易也，宁戚。"（《八佾第三》）

(11) 子曰："居上不宽，为礼不敬，临丧不哀，吾何以观之哉？"（同上）

---

① 孟子追溯丧礼的起源，有如下的说法："盖上世有不葬其亲者，其亲死，则举而委之于壑。他日过之，狐狸食之，蝇蚋姑嘬之。其颡有泚，睨而不视。夫泚也，非为人泚，中心达于面目。盖归反虆梩而掩之。掩之诚是也，则孝子仁人之掩其亲，亦必有道矣。"（《滕文公上》）

（12）子夏问曰："巧笑倩兮，美目盼兮，素以为绚矣，何谓也？"子曰："绘事后素。"曰："礼后乎？"子曰："起予者商也！始可与言《诗》已矣。"（同上）

（13）子曰："人而不仁，如礼何？人而不仁，如乐何？"（同上）

（14）颜渊问仁。子曰："克己复礼为仁。一日克己复礼，天下归仁焉。为仁由己，而由人乎哉？"《颜渊第十二》）

（15）子曰："君子求诸己，小人求诸人。"（《卫灵公第十五》）

孔子继承周礼，却为之注入了新精神。父母是我们生命的来源，故孔子答复樊迟问孝曰：

（16）生，事之以礼；死，葬之以礼，祭之以礼。（《为政第二》）

而葬礼最重要的是心中的悲戚之情。礼是后起外面的表现，仁是礼乐背后的精神。而为仁由己，故孔子学问之核心乃是"为己之学"。有了这样的理解做背景，回过头去看（2），历来难解的这几句话，就可以获得确解了。我一向对里面的三个"如"字感到大有意趣。第一句话"祭如在"指祭祖，第二句话明言"祭神如神在"，第三句话乃曰："吾不与祭，如不祭。"前面两句话的两个"如"字恰正与孔子一贯的立场是符合的，也就是说，孔子并没有肯定祖先神灵的存在，但在祭祀时却有祖先神灵宛若亲临的感应。而第三句话是说，自己既未亲身参与祭祀，诚意不在，也就缺乏这样的感应，等于没有祭祀一样。《中庸》第十六章孔子曰：

（17）鬼神之为德，其盛矣乎！视之而弗见，听之而弗闻，体物而不可遗。使天下之人齐明盛服，以承祭祀。洋洋乎！如在其上，如在其左右。《诗》曰："神之格思，不可度思！矧可射思！"夫微之显，诚之不可揜如此夫！

无论这是不是孔子本人说的话，的确是同一思路进一步的发挥；文中也有两个"如"字，更标举出"诚"（真实无妄）之不可掩，真有画龙点睛的作用！后儒以鬼神为二气之良能，为这样的感应作出合理的解释，良有以也①。

在前引（3），孔子说："获罪于天，无所祷也。"就可以看出，天与鬼神完全不在同一个层次之上。天不是可以取媚的对象，而是价值规范的根源，在这里没有讨价还价的余地。《论语》中有不少有关"天"的材料，但却可以对之作不同的解释。尝试对于"天"作出融贯的解释正是本文最重要的任务之一，以下请容许我以类聚的方式引述我认为富典型性、有重要性的材料。

(18) 子见南子，子路不说。夫子矢之曰："予所否者，天厌之！天厌之！"（《雍也第六》）

(19) 子曰："天生德于予，桓魋其如予何？"（《述而第七》）

(20) 子畏于匡。曰："文王既没，文不在兹乎？天之将丧斯文也，后死者不得与于斯文也；天之未丧斯文也，匡人其如予何？"（《子罕第九》）

---

① 参朱熹，《中庸章句集注》，第16章。二气之说始于张载、程颐，为朱子所继承，他说："愚谓以二气言，则鬼者，阴之灵也，神者，阳之灵也。以一气言，则至而伸者为神，而反归者为鬼，其实一物而已。"

(21) 颜渊死。子曰:"噫!天丧予!天丧予!"(《先进第十一》)

(22) 子曰:"莫我知也夫!"子贡曰:"何为其莫知子也?"子曰:"不怨天,不尤人,下学而上达。知我者其天乎!"(《宪问第十四》)

(23) 子曰:"予欲无言。"子贡曰:"子如不言,则小子何述焉?"子曰:"天何言哉?四时行焉百物生焉,天何言哉?"(《阳货第十七》)

(24) 孔子曰:"君子有三畏:畏天命,畏大人,畏圣人之言。小人不知天命而不畏也,狎大人,侮圣人之言。"(《季氏第十六》)

(25) 子曰:"吾十有五而志于学,三十而立,四十而不惑,五十而知天命,六十而耳顺,七十而从心所欲,不逾矩。"(《为政第二》)

由(18)至(21)那四条材料,有学者认为,孔子因袭了传统以天为人格神的信仰。这样的解释当然可以容许的,但我必须指出,这些都是孔子在情感激越的时候发出的誓语、担承与感叹,并没有任何证据显示,天会行《新旧约》所记载的奇迹,也没有任何迹象让我们感觉到人的诉愿究竟改变了什么。这由颜渊之死可以看得出来,《论语》中有如下之记载:

(26) 子畏于匡,颜渊后。子曰:"吾以女为死矣。"曰:"子在,回何敢死?"(《先进第十一》)

（27）哀公问："弟子孰为好学？"孔子曰："有颜回者好学，不迁怒，不贰过。不幸短命死矣！今也则亡，未闻好学者也。"（《雍也第六》）[又，孔子对季康子所问同样的问题，也有类似的答复，见《先进第十一》]

（26）颜渊说出了他心中的感觉，但这并不能改变颜回短命的事实。而（21）孔子虽有"天丧予"的感叹，也仍不能不接受这样的命运。（22）终究孔子的态度仍然是不怨天，不尤人，而且深深地感受到，真正能够了解他的作为的，毕竟只有超越的天。

（23）的无言之教是孔子彻底突破传统的新观念。天在这里已经完全没有人格神的特征，但却又不可以把天道化约成为自然运行的规律。由（24）可以看到孔子一生对天敬畏，保持了天的超越的性格。故我们不能不把天看作无时无刻不以默运的方式在宇宙之中不断创生的精神力量，也正是一切存在的价值的终极根源。有学者怀疑无言之教这一条的真实性，因为《论语》后面几章的资料不尽可靠，而这是一条孤证，也许是后儒窜入的资料。我在以往也一直未能去除心中的怀疑，但到近来才明白这样的怀疑是没有必要的。我们一直想在《论语》中去找生生不已的天道的佐证，以至走进了死胡同。其实换一个视域，情况就完全不同了。孔子无言之教清清楚楚把天当作人的行为的模楷，由这一条线索去追索，就会发现，这根本是孔子一贯的思路，到处都是佐证，根本不存在孤证的问题。且让我略作征引，就会明白，其实我所说的乃是明白易晓的道理。

（28）子曰："大哉尧之为君也！巍巍乎！唯天为大！唯尧则之。

荡荡乎！民无能名焉。巍巍乎！其有成功也；焕乎，其有文章。"(《泰伯第八》)

(29) 子曰："巍巍乎！舜、禹之有天下也，而不与焉。"(同上)

(30) 子曰："无为而治者，其舜也与！夫何为哉？恭己正南面而已矣。"(《卫灵公第十五》)

(31) 子曰："为政以德，譬如北辰，居其所而众星共之。"(《为政第二》)

尧舜是孔子最佩服的圣王，而孔子明言尧以天为则。到了天下大治，正和对天一样，人们找不到一项单项的成就来称颂他。在圣王之治下，一切上了轨道，当政者什么都不用做，像舜那样，恭己正南面而已矣！其实圣王德化的影响无所不在，正好像天的生力无所不在。上行下效，"君子之德风，小人之德草，草上之风，必偃。"(《颜渊第十二》) 由此可见，"无为而治"并不是道家的专利，儒家德治的最高理想一样是无为而治。这样由天而人乃是"一贯之道"，它的涵义绝不止于推己及人。"天人合一"一词在当时虽还未流行，但它的确反映了儒家的立场。

其实不只对于圣王，对于孔子本人，我们也必须由同一条线索去理解，让我们再略作征引便知就里。

(32) 子曰："君子不器。"(《为政第二》)

(33) 子贡问曰："赐也何如？"子曰："女器也。"曰："何器也？"曰："瑚琏也。"(《公冶长第五》)

(34) 子谓颜渊曰："用之则行，舍之则藏，唯我与尔有是夫？"

(《述而第七》)

(35) 达巷党人曰:"大哉孔子!博学而无所成名。"子闻之,谓门人弟子曰:"吾何执?执御乎?执射乎?吾执御矣。"(《子罕第九》)

(36) 太宰问于子贡曰:"夫子圣者与?何其多能也?"子贡曰:"固天纵之将圣,又多能也。"子闻之,曰:"太宰知我乎!吾少也贱,故多能鄙事。君子多乎哉?不多也。"(同上)

(37) 子曰:"赐也,女以予为多学而识之者与?"对曰:"然,非与?"曰:"非也,予一以贯之。"(《卫灵公第十五》)

(38) 叔孙武叔毁仲尼。子贡曰:"无以为也,仲尼不可毁也。他人之贤者,丘陵也,犹可逾也;仲尼,日月也,无得而逾焉。人虽欲自绝,其何伤于日月乎?多见其不知量也!"(《子张第十九》)

(39) 陈子禽谓子贡曰:"子为恭也,仲尼岂贤于子乎?"子贡曰:"君子一言以为知,一言以为不知,言不可不慎也。夫子之不可及也,犹天之不可阶而升也。夫子之得邦家者,所谓立之斯立,道之斯行,绥之斯来,动之斯和。其生也荣,其死也哀,如之何其可及也。"(同上)

由以上的征引可以看到,孔子认为最高的人才标准乃是通才。这不是说专才不重要,孔子因材施教,孔门四科:德行、言语、政事、文学(《先进第十一》),弟子有各方面不同的成就。但终极来说,君子不器,不能用专才的标准来衡量。而这恰好是一般人所不明白的道理,特别可以由上面所录与子贡相关的那些条目看得出来。孔子本人多能、多学而识，但他并不认为自己的价值是在这一方面。反过来由一般人的观点看，达巷党人言依照传统的解释，其辞若有憾焉，好像惋惜孔子没有哪一方面突出的成就。孔子开玩笑地说，吾执御矣。这与他说"富而可求也，虽执鞭之士，吾亦为之；如不可求，从吾所好"（《述而第七》），是类似的回应。子贡最难得的地方在，他接受孔子以他低于颜回的评价，后来尽管他成为社会上的成功人士，他仍然如往昔一样尊仰孔子。而值得注意的是，他把孔子比作日月，比作天。一般人见到圣人，也感觉不到圣人的伟大。而这恰好证明了我的论点，正因为天取默运的方式，不会像鬼神那样显灵，此所以前引（24）"小人不知天命而不畏也"，连带也不畏以天为则的圣人，而"狎大人，侮圣人之言"。

近日细玩《论语》，才猛然警觉到，孔子之道通过言语来阐发，子贡实在是一个具有关键性的人物。无疑，就恭行实践而言，颜、曾是成就最高的弟子。但颜回根本不说话，孔子谓吾道一以贯之，曾子也只说：唯。孔子自己也感觉到这一点，故说："回也，非助我者也，于吾言无所不说。"（《先进第十一》）子贡虽不如二人，但他肯学，理解力高，不断在问问题。我近来才发现，如把与子贡相关的条目类聚在一起，就可以明白看出孔子一贯之道推己及人、天人合一的线索。先说子贡是完全明白推己及人那一个层面的道理的，而且这也的确是他十分关注的一个层面。

（40）子贡曰："我不欲人之加诸我也，吾亦欲无加诸人。"子曰："赐也，非尔所及也。"（《公冶长第五》）

（41）子贡曰："如有博施于民，而能济众，何如？可谓仁乎？"

子曰:"何事于仁,必也圣乎!尧、舜其犹病诸!夫仁者己欲立而立人,己欲达而达人。能近取譬,可谓仁之方也已。"(《雍也第六》)

(42)子贡问曰:"有一言而可以终身行之者乎?"子曰:"其恕乎!己所不欲,勿施于人。"(《卫灵公第十五》)

(43)子曰:"参乎!吾道一以贯之。"曾子曰:"唯。"子出,门人问曰:"何谓也?"曾子曰:"夫子之道,忠恕而已矣。"(《里仁第四》)

曾子解释夫子一贯之道,大意不失,但在逻辑上是有漏洞的,因忠恕是二事,曾子并未说明何以二事乃是一贯之道。由夫子回答子贡的话,所谓己立立人,己达达人,才知道朱注"尽己之谓忠,推己之谓恕"是不错的,二事实为一体之两面。由此而可以了解到孔子所教与西方所谓之"金律"(golden rule)若合符节,而且包含了正负两个方面的表达;既说了己立立人、己达达人,又说了己所不欲,勿施于人,一直到今日还为《世界伦理宣言》所肯定[①]。孔子一生栖栖皇皇,周游列国,希望能够把道推行于天下而未达,但他一生虽有一些感叹,却从不曾气馁,这是因为在他背后有一超越的根源在支撑着他的生命,由前引(22)孔子对子贡所说:"不怨天,不尤人,下学而上达,知我者其天乎!"可以看得出来。由此可见,

---

① Cf. Hans Küng and Karl-Josef Kuschel ed., *A Global Ethic: The Declaration of the Parliament of the World's Religions* (London: SCM Press, Ltd., 1993), pp.23—24, 54. 世界各大宗教均有"金律"之陈述,并不限于儒家,但孔子是其中一个重要的精神来源,应无争议。

孔子所提倡的儒家思想之一贯之道,可以往两个不同的方向伸展:一是把圣王之道往下去应用,一是反身向上去探求超越的根源,两方面所遭逢的是完全不同的问题。

要把圣王之道往下去应用,就要和世俗的君王打交道,说服他们行仁政,吸引老百姓的支持,并加以教育。在这个层次要行身教、立信、正名,才能收到实效,所需要的并不是观念上的了解。孔子于此作了许多事实的观察,也可略加举证如下:

(44) 子曰:"上好礼,则民易使也。"(《宪问第十四》)

(45) 子曰:"民可使由之,不可使知之。"(《泰伯第八》)

(46) 子曰:"中人以上,可以语上也;中人以下,不可以语上也。"(《雍也第六》)

(47) 子曰:"君子上达,小人下达。"(《宪问第十四》)

(48) 子曰:"生而知之者,上也;学而知之者,次也;困而学之,又其次也;困而不学,民斯为下矣。"(《季氏第十六》)

(49) 子曰:"唯上知与下愚不移。"(《阳货第十七》)

(50) 子曰:"唯女子与小人为难养也,近之则不孙,远之则怨。"(《阳货第十七》)

(51) 子曰:"君子怀德,小人怀土;君子怀刑,小人怀惠。"(《里仁第四》)

(52) 子曰:"君子喻于义,小人喻于利。"(同上)

(53) 子张问行。子曰:"言忠信,行笃敬,虽蛮貊之邦行矣;言不忠信,行不笃敬,虽州里行乎哉?立,则见其参于前也;在舆,则见其倚于衡也。夫然后行。"子张书诸绅。(《卫

灵公第十五》)

这些绝不证明孔子藐视人民，提倡所谓不同阶级的道德，孔子只是对于一些现象作出观察。孔子似乎比孟子更重材质，但他虽然接受事实，仍然对于理想满怀信心，由（53）所谓参前倚衡可见，只他未像孟子那样发展出一套超越的性论罢了。但孔子相信人之可教，有条件的人必须下决心去做君子，则是不容置疑的。

由前引（41）孔子行仁之方必推己及人，但由仁反溯，就不能不碰到与天的问题，否则就未能掌握孔子一贯之道的全幅义理。由这个方向去探索，又会碰到完全不同的问题。孔子从不轻许人以仁，圣当然是更高的境界。且看孔子对他自己的评估：

（54）子曰："若圣与仁，则吾岂敢？抑为之不厌，诲人不倦，则可谓云尔而已矣。"公西华曰："正唯弟子不能学也。"（《述而第七》)

但孔子又说："仁远乎哉？我欲仁，斯仁至矣。"（同上）这里孔子是不是前言不对后语呢？其实不然。中国的表达方式注重随机的指点，故有时有些外表看来互相矛盾的说法。（54）是说明，圣与仁是个不断实现的历程，故孔子不可能以完成的圣者、仁者自居。但仁又绝不是一个永远不能体现的、只存在于彼岸的理想，故修养纯熟之后，随时可以体现仁的境界，这当是孔子晚年语。圣是比仁更高的境界，孔子自承："圣人，吾不得见之矣；得见君子者，斯可矣。"（《述而第七》）而圣人则天，乃不可能不接触到天的问题。我们在前面已经作过对于天的征引与解释，此处无须再赘述。但我需要指出的是，由于《论语》编纂的方式太过随机，以致很多早就应该发现的关联遂长期被忽略了。譬如说子贡在触发孔子对于天道的阐发所扮演的角色实在功不可没。我到现在才骤然理解到，原来孔子对子贡说的无言之教恰正是孔子之言天道不可得而闻也的答复，天道之默运是不可以通过言语来表达的。正因为子贡在言语方面有天赋，乃不免事事期望都能得到清楚明白的答复，独独在对天的理解，孔子是以一种不答复的方式——所谓"遮诠"——来答复了子贡的问题，害得我们后世花了许多工夫去猜一个不需要猜的谜。而新近出土的材料——帛书《要》第十二行末到第十八行有子贡对于孔子有关《易》的质疑，更是值得我们注意的极其珍贵的文献。让我先把这一段文字引在下面：

夫子老而好《易》，居则在席，行则在囊。子赣（贡）曰：夫子它日教此弟子曰："悳（德）行亡者，神霝（灵）之趋；知（智）谋远者，卜筮之蔡（祭）"，赐以此为然矣。以此言取之，赐缙（？）行之为也。夫子何以老而好之乎？夫子曰：君子言以枲（榘）方也。前羊（祥）而至者，弗羊（祥）而巧也。察其要者，不赽（诡）其德。《尚书》多於（阏）矣，《周易》未失也，且又（有）古之遗言焉。予非安其用也。[子赣曰：赐] 闻於夫[子曰：]必（？）於□□□□如是，则君子已重过矣。赐闻诸夫子曰：孙（逊）正而行义，则人不惑矣。夫子今不安其用而乐其辞，则是用倚於人也，而可乎？子曰：校㦳（哉），赐！吾告女（汝），《易》之道□□□□而不□□□百生（姓）之□□□易也。故《易》刚者使知瞿（懼），柔者使知刚，愚人为而不忘

（妄），惭（渐）人为而去诈（诈）。文王仁，不得其志以成其虑，纣乃无道，文王作，讳而辟（避）咎，然后《易》始兴也。予乐其知之□□□之□□□予何□□事纣乎？子赣曰：夫子亦信其筮乎？子曰：吾百占而七十当，唯周梁（梁）山之占也，亦必从其多者而已矣。子曰：《易》，我后其祝卜矣，我观其德义耳也。幽赞而不达乎数，明数而不达乎德，又仁[守]者而义行之耳。赞而达于数，则其为之巫；数而不达于德，则其为之史。史巫之筮，乡之而未也，好之而非也。后世之士疑丘者，或以《易》乎？吾求其德而已，吾与史巫同涂而殊归者也。君子德行焉求福，故祭祀而寡也；仁义焉求吉，故卜筮而希也。祝巫卜筮其后乎？①

对于这一文献的整理与研究还在进行中，刻下尚难有定论。帛书《要》是一抄本，入土是在汉文帝前元十二年（168 B.C.）。我们自不知道，子贡和孔子之间是否真有这一场对话。但现在疑古的风尚过去，学者相信这段记载出自先秦应是可能的，不会没有相当的根据。且让我们作出初步的观察；在这场对话之中，子贡与孔子的性格与思想与我们现在所知道的情况是完全符合的。篇首提及孔子晚而喜《易》，这证实了《史记》的说法是有根据的。孔子传《易》是另一批学生如商瞿等，老的学生如子贡等是颇有保留的。这或者也说明了为什么今本《论语》之中只有两条资料与《易》有关：

---

① 转引自廖名春：《帛书释〈要〉》，《中国文化》第10期（1994年8月），第66页。基本上我同意廖君的意见，"要"是"摘要"的意思。

(55) 子曰："加我数年,五十以学《易》,可以无大过矣。"(《述而第七》)

(56) 子曰："南人有言曰:'人而无恒,不可以作巫医,善夫!不恒其德,或承之羞。'"子曰:"不占而已矣。"(《子路第十三》)

(55)《史记》有异文,然鲁论把《易》改作"亦"是不可采信的。全部《论语》只引《恒》卦一条,表示孔子早年教学并不以《易》为重点,有争议或启疑之言论不录,但引《恒》卦九三爻辞以发挥义理则与他一贯的风格是符合的。正因为如此,子贡质疑孔子在晚年态度的改变,孔子十分有耐性地向他解释自己的立场。他并不是突然迷信占卜,他虽仍作筮卜,但不以之为重点。从文献上看,《周易》比《尚书》(上古之书)更有用,保留了古之遗言。但更重要的是,孔子的重点乃放在观其德义。他自觉与史巫同途而殊归,开出一个新方向,还预感后世或者会因《易》而怀疑他。帛书《要》的第十九至第二十四行末尾记载孔子读《损》《益》二卦之事,此处不再详加讨论,我只略作征引以为交代:

> 孔子繇《易》至于《损》、《益》一卦,未尚(尝)不废书而叹(叹),戒门弟子曰:二晶(参)子,夫《损》、《益》之道,不可不审察也,吉凶之□也。
>
> 《损》、《益》之道,足以观天地之变而君者之事已。是以察于《损》、《益》之道者,不可动以忧喜。
>
> 故明君不时不宿,不日不月,不卜不筮,而知吉与凶,顺于

天地之正也。此胃（谓）《易》道。①

　　这与孔子晚岁因天道而论人事的态度是符合的，今本《易传》中收了好多材料应是与此平行的发展，只帛书《易》更明白标举出孔子，提出了有力的佐证，说明孔子与《易传》确实有相当深的关系。虽然我们还是不能说，孔子就是"十翼"的作者，因为里面的确杂入了不少后起的材料，故只能说，它是孔子以后历经数代才完成以儒家思想为主导的作品。

　　过去的说法是，《论语》讲人事，《易传》讲天道，二者的倾向无疑是不同的。然而通过我对《论语》中材料的解析，就知道这样的分别并不是绝对的，《论语》本身就隐涵了一条"天人合一"一贯之道兼顾超越与内在"两行之理"的思路。明乎此，乃可以了解，为什么在《论语》之中，"道"这一个字有那么多不同的用法，原因在其广涉天人。然若不以辞害意，孔子的思想仍然是贯通的，请容许我还是通过征引的方式来加以说明：

（57）子在川上，曰："逝者如斯夫，不舍昼夜。"（《子罕第九》）

（58）子曰："朝闻道，夕死可矣。"（《里仁第四》）

（59）子曰："富与贵是人之所欲也，不以其道得之，不处也；贫与贱是人之所恶也，不以其道得之，不去也。君子去仁，恶乎成名？君子无终食之间违仁，造次必于是，颠沛必于是。"（同上）

---

① 转引自廖名春：《帛书释〈要〉》，《中国文化》第10期（1994年8月），第70、71页。廖君并指出，由《说苑》等材料可以知道，帛书所谓的"二三子"应包括子夏在里面。

(60) 子曰:"志于道,据于德,依于仁,游于艺。"(《述而第七》)

(61) 仪封人请见,曰:"君子之至于斯也,吾未尝不得见也。"从者见之。出曰:"二三子,何患于丧乎?天下之无道也久矣,天将以夫子为木铎。"(《八佾第三》)

(62) 子曰:"道不行,乘桴浮于海,从我者其由与?"子路闻之喜。子曰:"由也好勇过我,无所取材。"(《公冶长第五》)

(63) 子曰:"天下有道,则礼乐征伐自天子出;天下无道,则礼乐征伐自诸侯出。自诸侯出,盖十世希不失矣;自大夫出,五世希不失矣;陪臣执国命,三世希不失矣。天下有道,则政不在大夫。天下有道,则庶人不议。"(《季氏第十六》)

(64) 子曰:"邦有道,危言危行;邦无道,危行言孙。"(《宪问第十四》)

(65) 子曰:"笃信好学,守死善道。危邦不入,乱邦不居。天下有道则见,无道则隐。邦有道,贫且贱焉,耻也;邦无道,富且贵焉,耻也。"(《泰伯第八》)

(66) 子曰:"人能弘道,非道弘人。"(《卫灵公第十五》)

(67) 子曰:"齐一变,至于鲁;鲁一变,至于道。"(《雍也第六》)

(68) 子曰:"君子谋道不谋食。耕也,馁在其中矣;学也,禄在其中矣。君子忧道不忧贫。"(《卫灵公第十五》)

(69) 子曰:"君子之道三,我无能焉:仁者不忧,知者不惑,勇者不惧。"子贡曰:"夫子自道也。"(《宪问第十四》)

(70) 公伯寮愬子路于季孙。子服景伯以告,曰:"夫子固有惑志于公伯寮,吾力犹能肆诸市朝。"子曰:"道之将行也与,命

也;道之将废也与,命也。公伯寮其如命何?"(同上)

(71)子路宿于石门。晨门曰:"奚自?"子路曰:"自孔氏。"曰:"是知其不可而为之者与?"(同上)

正因为孔子少言天道,故宋儒把(57)孔子在川上的感叹当作刚健不已的天道的形容,这是一种引申,但并不违背孔子思想的精神。由(58)所谓"朝闻道,夕死可矣",可以清楚地看到道作为人的"终极关怀"的宗教意涵。(59)则明白指出道与仁的不可分割的关系,这与前引(41)到(43)有关一贯之道的讨论联系在一起,就可以清楚地看到孔子之终极托付之所在。(60)是孔子对于自己所要致力做到的最简要也最完全的表态。

但天道之下贯于人虽构成存在与价值的规范,现实人生却未必一定走这样的道路。由此可见,中国思想从未作把"恶"解消的尝试,如西方"辩神论"(theodicy)之所为,费了很大的劲企图说明为何在全知全能全善上帝创造的世界之中有恶存在的事实。中国人只是如实地接受道有不行的事态,并寻求对症下药加以对治之道。此所以仅封人有"天下之无道也久矣"的观察,而孔子本人也有"道不行"的感叹。(63)孔子对于"天下有道"的情况作出了一些有实质性的描绘。(64)与(65)告诉人在邦有道或无道之时应如何自处。

(66)孔子作出"人能弘道,非道弘人"的宣称,可以说是中国式的人文主义最有震撼力的表达。正因为天道默运,故此人才要自觉地担承起弘道的责任。此处中国人不似西方寡头人文主义的无神论那样与宗教信仰完全决裂;天与人是伙伴关系,而人的自觉推动扮演了一个枢纽性的角色。人弘道必有所依循,孔子心目中要弘扬的乃是周道,(67)希望由齐的霸道假仁借义,通过鲁的礼教,回归文、武、周公的王道,以后孟子在这方面有更具体的发挥。而生存在乱世中的个人虽然可以走隐逸的道路,但儒者中心的考虑不是为了一己的利害,故(68)孔子宣称"君子忧道不忧贫",(69)则说出了自己心目中智仁勇兼备的君子理想。而(70)明白地指出,道之行废每每取决于很强的"命"的因素。孔子一方面知命,但他努力不懈,在自己的命限以内永不会消极退缩,这使他不得不与隐逸者流分道扬镳,而在别人眼里看来:"是知其不可而为之者与?"

在这里我们必须作进一步探索的是孔子的"命"的观念。除了前引(24)及(25)两条有关"天命"的重要条目以外,以下再征引一些相关资料:

(72)伯牛有疾,子问之,自牖执其手,曰:"亡之,命矣夫!斯人也而有斯疾也!斯人也而有斯疾也!"(《雍也第六》)

(73)司马牛忧曰:"人皆有兄弟,我独亡。"子夏曰:"商闻之矣:'死生有命,富贵在天。'君子敬而无失,与人恭而有礼。四海之内,皆兄弟也。君子何患乎无兄弟也。"(《颜渊第十二》)

(74)子罕言利,与命与仁。(《子罕第九》)

(75)子曰:"不知命,无以为君子也。不知礼,无以立也。不知言,无以知人也。"(《尧曰第二十》)

由(72)及(73)可以看到,命不是人可以掌握的东西,死生、富贵正是这一类的东西。(74)的标点只能是断为两句,才能符合孔子的原意。他的确不十分关心利,而接受命,肯定仁的终极关怀。(75)是《论语》的尾章,竟然给与"知命"这样重的分量,那么我们要怎样来理解这个观念呢?徐复观先生和刘殿爵(D. C. Lau)先生不约而同地指出,《论语》中"命"与"天命"有不同的涵义①。命指的常常是外在的命运,而天命却关联到内在,常常显示了很深的敬畏与强烈的担负感。这样的观察是敏锐的。但我要指出的是,天命的来源固然是来自天,命的来源也还是同一个天,这由(73)子夏从孔子那里听来的两句话所谓"死生有命,富贵在天"可以得到明证。这样我们既有可以理解的内在于我们生命的天命,也有不可以理解的同样来自于天的外在的命运。必须结合这两方面的体证,才能真正把握到知命的深刻的含义。前引(25)孔子自述为学的过程,所谓"五十而知天命,六十而耳顺,七十而从心所欲,不逾矩"。我一直感到不明白的是,为什么孔子要等到五十才知天命,如果天命指的是天给与我们的禀赋,像《中庸》"天命之谓性"所说的那样?随着马齿徒增,我才慢慢体证到,一直要到五十这样成熟的年龄,才能以实存的方式体验到有限的个体生命的命限的真实性。借用宋儒的术语来说,必同时体现理命(天命的禀赋)与气命(外在的命运)两个方面才能真正"知天命"。我们接受了自己只是个有限生命的事实,而就在自己不可掌握的命限以内,发扬自己内在的禀赋,努力行道,至死方休,求仁得仁,亦何怨焉!这样到了六十,

---

① 参见徐复观:《中国人性论史·先秦篇》,台中:东海大学,1963年,第83—90页。Cf. D. C. Lau, trans., *Confucius: The Analects* (Hong Kong: The Chinese University Press, 1983), pp.xxiv-xxvii.

始可以进入到"耳顺"的阶段，无论善恶都可以平顺的态度加以接受。由字形看便知道耳顺比知天命更接近"圣"的境界。最后，到七十而从心所欲，不逾矩，内外合一，终于体验到一种彻底自由的境界。我必须指出，这种自由既不是像造了飞机可以在天空飞翔的自由，所谓的"freedom to"；也不是像解脱于红尘的系缚不再有执着的自由，所谓的"freedom from"；而是经过长期的修养工夫，可以让德性随时在自己的行为表现出来的自由。打个比方来说，倒有点像芭蕾舞员经过长期训练以后可以表现出完美的舞姿的自由。然而这样的自由始终只能限于"内圣"的范围，不能延伸到外王的领域，那始终要受到不可知的外在命运的限制。另一点应该指出的是，孔子并不承认自己是天纵之圣，他的成就乃由学而得来，所以他才更适宜于做我们一般人的模楷。

（76）子曰："我非生而知之者，好古，敏以求之者也。"（《述而第七》）

正好像子贡在对天的探究方面作出了一定的贡献，孔子晚年弟子子夏在为学方面也作出了一定的贡献。子夏是被归在文学一科，成就也不能与颜、曾相比。但他似乎能够接受自己的材质与命限，循阶而后进。后世肯定他对传经的贡献，也不妨在此一志。

（77）子夏曰："虽小道，必有可观者焉，致远恐泥，是以君子不为也。"（《子张第十九》）

（78）子夏曰："日知其所亡，月无忘其所能，可谓好学也已矣。"（同上）

（79）子夏曰："博学而笃志，切问而近思，仁在其中矣。"（同上）

（80）子游曰："子夏之门人小子，当洒扫、应对、进退，则可矣。抑末也，本之则无，如之何？"子夏闻曰："噫！言游过矣！君子之道，孰先传焉？孰后倦焉？譬之草木，区以别矣。君子之道，焉可诬也？有始有卒者，其惟圣人乎！"（同上）

（81）子贡问："师与商也孰贤？"子曰："师也过，商也不及。"曰："然则师愈与？"子曰："过犹不及。"（《先进第十一》）

（82）子谓子夏曰："女为君子儒，无为小人儒。"（《雍也第六》）

子夏是守得很紧的人，故卑之无甚高论。他从不唱高调，故曰："大德不逾闲，小德出入可也。"（《子张第十九》）他所提供的训练，由小学开始，又要博学，不免引起子游的批评。但由他能够如（12）记载的那样，明白"礼后乎"，还说得出"博学而笃志，切问而近思"那样的话，显见他并未亡失根本，子游的批评是过分了。其实孔子深知子夏的限制，故评他为"不及"，但还把他的评价放在子张之上。而孔子特别告诫子夏："汝为君子儒，无为小人儒。"只要根本处抓得稳，下学而上达，这正是儒家要普及化必须走上的道路。

这篇文章写到这里可以告一段落。我用的方法是由《论语》本身，以类聚的方式选出八十条左右的材料，组织成为一条融贯的思路，来凸现出孔子思想中隐涵的"天人合一"一贯之道。这样的进路兼顾考据与义理，希望能够驱除一般常见对于《论语》的误解，好像无法由之讲出一套天人贯通的道理。由我诉诸文献的内证所建构的那条思路，可以清楚地看得出来，它与《孟子》《大学》《中庸》《易传》都是血脉贯通的。再进一步说，还可以看出，宋明儒学乃至当代新儒学对孔子之学的继承与改造，也都有一定的根据。套一句现在流行的术语来说，它们乃是通过创造的诠释所得到的结果。

(原载《"中央研究院"中国文哲研究集刊》，第10期，1997年3月第四届"当代新儒学国际学术会议"宣读，1995年12月22日）

先秦儒家之宗教性

引　言

儒家（Confucianism）是不是一个宗教（religion）？这是一个有争议性的问题。很明显，儒家不是一个组织宗教。但自汉代以来即是"朝廷意理"（state ideology），正如宋儒所强调的，面对道、佛的挑战，所谓吾道自足，不假外求，儒家信仰可以安身（心）立命。故同样明显的是，儒家是当代西方神学家田立克所谓的"终极关怀"（ultimate concern）。① 因此我认为把儒家当作一个精神传统（spiritual tradition）是适宜的。②

---

① Paul Tillich, *Dynamics of Faith* (New York: Harper and Row, 1957), pp.1—4.
② 把儒家当作一个精神传统来阐发，是我最重要的一个中心关注。近著可参看，刘述先，《全球伦理与宗教对话》（台北：立绪，2001 年），《论儒家哲学的三个大时代》（香港：中文大学出版社，2008 年），《儒家哲学的典范重构与诠释》（台北：万卷楼，2010 年）；Shu-hsien Liu, "Contemporary Neo-Confucian Philosophy," in *Confucian Spirituality II*, ed. by Tu Weiming and Mary Evelyn Tucker (New York: The Crossroad Pub, Co., 2004), pp.353—376. 本文所论预设我在上个世纪 70 年代以来所做的研究。

孔 子

在先秦儒中最关键性的一个人物是孔子（Confucius，551—479B.C.），但"儒家"一词的英译 Confucianism 却不免误导，因为孔子并不是儒家的开创者。回溯夏商周三代，他所向往的是周文，最崇拜制礼作乐的周公。到了孔子的春秋时代，所谓周文疲弊，世衰道微，诸子百家兴起，分别提出回应的方策。儒家仅只是其中一个派别而已。孔子主张"复礼"，他的意旨绝不是要恢复古礼，那是不可能的事情。他强调礼绝不是由外在的权威由上而下强加在人们身上的东西，而是与人内在生命融合展示出来的规范。故他就说："克己复礼为仁。"（《论语·颜渊第十二》）这里最有意味的是"复"字。只要克制自己，就会回归吾人生命内在本有的礼仪。而这就是"仁"。孔子曾明白说："人而不仁如礼何，人而不仁如乐何"（《八佾第三》），更进一步宣称："志士仁人，无求生以害人，有杀身以成仁。"（《卫灵公第十五》）仁甚至比生死更重要，无疑是他的"终极关怀"。而礼与仁的关系是，内在的仁展示出来就是礼。仁在过去只是一般德目，通过孔子的阐发才得到新的意涵，"仁内礼外"成为孔子终生的信守。

现在回到孔子其人，他一生并无赫赫功绩，也无丰富著述。唯一留下的《论语》，只不过是汇集起来的学生笔记，似乎仅是一连串的箴言而已，多是老生常谈，往往重复，甚至自相矛盾。而汉初流行的是黄老之术。但孔子的儒学终于脱颖而出，到汉武用董生之策，所谓"独崇儒术，罢黜百家"，司马迁《史记》撰《孔子世家》，尊孔子为素王，实在是个奇迹。

要解开这个谜，意外由域外提供了一条线索。当代西方哲学家芬格雷（Herbert Fingarette）一直为《论语》感到困惑，不明白这部书的吸引力和重要性究竟在什么地方。① 他长年累月读《论语》，念不出名堂。孔子讲的东西好像很简单，也没有提供论证。不要说没法与柏拉图、亚里士多德比，连罗马的西赛罗都不能比。可他拒绝放弃，终于发现了诀窍。原来孔子所擅长的，根本不是像西方哲学家那样运用分析、思维，在理论上建构大系统。芬格雷由行为心理学的新视域去看的时候，就发现关键在"礼"的实际效用上。"礼（禮）"原先有宗教的背景，由字形就可以看得出来，示字旁与神祇有关联，豊则是祭器的形象。原始宗教有所谓魔术（magic），到文明发展以后就被视为迷信，其实并不尽然。那么孔子的特别在什么地方呢？他是俗世的心态，人间性很强，兴趣不在彼岸。从行为心理学的观点去看孔子，就会发现，原来"礼"不是讲抽象的道理，更注重实践的行为。照着礼去做，就会发生像魔术般的效用！举个例就明白了。如果与人交往，顺着礼仪，亲切地互相问候，"有朋自远方来，不亦乐乎"（《学而第一》），彼此间的距离一下子就消失了。孔子的奥秘在于，在俗世（secular）的日用常行中，贯串着神圣（sacred）的魔术效用。故芬格雷的书名就叫：《孔子：俗世即神圣》，在20世纪70年代初出版，小小一本书，在西方发生了巨大的影响。芬格雷掌握到孔子思想的一个重要面相，功不可没。但他

---

① Herbert Fingarette, *Confucius: The Secular as Sacred* (New York: Harper and Row, 1972).

的诠释失之片面，推论尤其过当，不可盲从。他由行为心理学的视域把"礼"看作最根本的东西，谴责孟子把重点转移到"心"，有了主观主义的倾向，这样的说法是不称理的。中国古代根本缺乏近代西方身心二元分离的思想。孟子不忍人之心直承孔子仁心之戚，此处不赘。① 而孔子思想决不可化约成一套俗世伦理，熟读《论语》，就会发现，表面上零乱，其实它的确有一个确定的思想走向。吾人只能尽自己的努力，把文本提供的资料组织起来，建构一条思路，希望能够展示出隐涵在其间的一贯思路。

事实上孔子思想有一贯之道并不是我们的臆测。而是根据他自己的证词。

> 子曰："参乎！吾道一以贯之。"曾子曰："唯。"子出。门人问曰："何谓也？"曾子曰："夫子之道，忠恕而已矣。"（《里仁第四》）

问题在孔子从来没有说明他的一贯之道是什么，于是引起了学生的困惑。曾子说出了自己的阐释，门人不再追问下去。其实这个回答是有问题的。一以贯之是一个啊，曾子却讲出两个东西来了，除非忠与恕是一体之两面。事实上也的确如此，由字形就可以看得出来。忠是"中心"恕是"如心"，所以两个还是一个。但这是一个迂回的表达。朱子《四书集注》谓："尽己之谓忠，推己之谓恕。"大体得之。即使如此，我还是认为未能把握孔子一贯之道的全貌。他说：

---

① 有关这一点进一步的辨正，参见刘述先，《孟子心性论的再反思》，《当代中国哲学论：问题篇》(River Edge, NJ: Global Pub, Co., 1996)，第139—142页。

"君子上达,小人下达。"又说:"不怨天,不尤人,下学而上达。知我者其天乎。"(《宪问第十四》)

孔子无疑具有强烈的人文主义思想,所谓"人能弘道,非道弘人"(《卫灵公第十五》),但他并不像沙特(Sartre)那样主张上帝已死的寡头人文主义。① 孔子仍要回归天道的根源。然而要讨论孔子天道的思想却不免陷入困难之中。② 首先我们必须面对子贡的证词,所谓"夫子之言性与天道,不可得而闻也"(《公冶长第五》)。孔子极少谈性,要到孟子道性善,才有突破性的开拓,此处不赘。但《论语》多处言"天","天道"一词也出现了,怎么可以说是不可得而闻,那就必须作进一步的考察,同时也切入了本文所关注的宗教意涵题旨,有待下文申述。

由芬格雷的启发和误导可以引发我们对孔子思想的阐释。芬格雷不再取习用的二元论(dualism)思考方式,对立"俗世"与"神圣",在"理性"(reason)与信仰(faith)二者之间划分了一道不可跨越的鸿沟;开启了一种以"内在超越"(immanent transcendence)的方式阐发孔子思想的可能性。

要说明孔子思想的宗教意涵,必须检视他对"鬼神""祭祀""天"的理解。对于传统的鬼神的看法,他采取了十分不同的态度。他说:"敬鬼神而远之"(《雍也第六》),所谓"子不语:怪、力、乱、

---

① Jean-Paul Sartre, "Existentialism Is a Humanism" in *Existentialism*, trans. by Bernard Frechtman(New York: Philosophical Library, 1947).
② 我曾长年为这一问题所困扰,最后终于得到突破,采用《论语》的资料即可以重构出孔子思想的"天人合一"之道。参见刘述先,《论孔子思想中隐涵的"天人合一"一贯之道》,本书第 58 页。

神"(《述而第七》),也拒绝由功利的观点与鬼神打交道。

> 季路问事鬼神。子曰:"未能事人,焉能事鬼?""敢问死。"曰:"未知生,焉知死?"(《先进第十一》)

可见孔子倡导的是彻底现世主义的思想。但他并未否定鬼神的存在,只说:"非其鬼而祭之,谄也。见义不为,无勇也。"(《为政第二》)他对于合乎礼的祭祀是全幅肯定的。正如芬格雷所强调的,孔子重视祭祀,但《论语》里有几句最令人困扰也最有意趣的话:

> 祭如在,祭神如神在。子曰:"吾不与祭,如不祭。"(《八佾第三》)

文中三个"如"字意味深长。第一句指祭祖,第二句明言祭神,孔子虽没有肯定祖先神灵的存在,但在祭祀时却的确有其宛若亲临的感应;第三句话是说,自己未亲身参与,诚意不在,也就缺乏感应,如同没有祭祀一样。这是非常开放合理的态度。

先秦儒对"天"的理解经过一个演化的过程。商代以"帝"为主,明显的是人格神。周转移到"天",表面上看,孔子的"天"也可以理解为"人格神",天主教学者喜欢作这样的举证也不能算错。但"天"不像西方的上帝那样彰显意志,孔子的体证乃走向了一个不同的方向。《论语》中最令人困惑也最有特色的一段话可以征引如下:

> 子曰:"予欲无言。"子贡曰:"子如不言,则小子何述焉?"子曰:"天何言哉?四时行焉,百物生焉,天何言哉?"(《阳货第十七》)

这就是所谓的"无言之教",正是孔子彻底突破传统的新观念。天在这里已完全没有人格神的特征,却又不可以把生生不已的天道化约成为自然运行的规律。孔子一生对天敬畏,他对比君子与小人:

> 君子有三畏:畏天命,畏大人,畏圣人之言。小人不知天命而不畏也,狎大人,侮圣人之言。(《季氏第十六》)

小人怕的是上天的震怒,爱的是上天的眷顾,故多避祸祈福的举动,对默运的天道不只没有感应,而且加以排斥。但孔子把整个情况加以扭转,天是无时无刻不以默运的方式在宇宙中不断创造的精神力量,也是一切存在价值的终极根源。前引子贡所谓:"夫子之言性与天道,不可得而闻也"实不足为患,因为这不是语言文字所能适当表达的境域。然而有学者怀疑这一条的真实性,因《论语》最后几章的资料不可靠,而这是一条孤证。我以往也一直未能去除心中的怀疑,后来才了解没有必要如此。其实"无言之教"明白地以"天"为则,这根本是孔子一贯的思路。举例说:

> 子曰:"大哉尧之为君也!巍巍乎!唯天为大,唯尧则之。荡荡乎!民无能名焉。巍巍乎!其有成功也;焕然,其有文章。"(《泰伯第八》)

尧这样的圣王以"天"为则,天的伟大没有语言可以形容。而孔子以尧舜的"无为而治"为则,他相信的由天("超越")到人(内在),由己及他,只是一个道理。这才是对他的"一贯之道"的全幅的理解。而他以身教出之,曾自述其心灵发展的过程曰:

>吾十有五而志于学，三十而立，四十而不惑，五十而知天命，六十而耳顺，七十而从心所欲不逾矩。(《为政第二》)

他的身教让我们明白，努力不懈奋勉以求会在我们生命产生实质的变化，成功虽不可必，而"朝闻道，夕死可矣"(《里仁第四》)，让我们不会空活一场，辜负了上天与父母给我们的生命。《论语》最后终结于："不知命无以为君子也。不知礼无以立也。不知言无以知人也"(《尧曰第二十》)，不亦宜乎！孔子兼顾"仁内礼外"与"天人合一"的一贯之道。思想的基础既立，有了源头活水，自然而然引发后学，有进一步的发展。

孟 子

战国时代的大儒，首先是源出子思的孟子(Mencius, 372—289？B.C.)，稍后有荀子(fl. 298—238B.C.)。孟子主要的贡献在心性论与天道论，和我们讨论的主题有莫大的关联。荀子主性恶与自然的天道观，他虽传授礼仪与经书，对儒家的传承有巨大贡献，但和我们讨论的主题关系不大，所以不赘。芬格雷谈孔子不取二元论，颇资启发。但他谈孟子，却不期而然落入近代西方自笛卡儿以来流行的心(mind)、身(body)二元论的窠臼，不免误导，必须加以驳正。芬格雷谴责孟子背离了孔子的思绪，转趋"主观观念论"(subjective idealism)，以至陷入错误，其实是芬格雷的误读。孟子在先秦儒学的脉络下并没有严分心、身(物)，根本不知道芬格雷讲什么。中国传统讲"安心立命""安身立命"，常常可以互用，这在孟子也是一样。他从来不像西方哲学家那样作有关"心"（mind）、"性"（nature）的概念性的分析与论述。他实际的举证多来自农事，包括用"牛山濯濯"那样生动活泼的例子来阐明心性论的效果。

孟子在当时的一个主要论敌是告子，他的心性论有许多论旨是通过与告子的辩论而显发出来的。告子主张"生之谓性"，所谓"食色性也"，认为"性无善无不善"（《孟子·告子上》）。告子对"性"的理解其实就是传统对性的理解：在古代"生"字和"性"字可以互用。人生下来就有的食色之性的确可以说是无善无不善，孟子与告子的四折辩论，多是诉之于类比，彼此取义不同，并没有决定性。表面上看，孟子将告子归谬，其实不然。基本上还是两种不同思路的对比。对告子来说，犬之生、牛之生、人之生都有生物生命的共性，食色性也，并没有根本的差别。但孟子却提出了与传统迥异的新看法：他的用心在要找到人、禽不同的殊性，始可以称之为人之性。他对"性"的理解层次与告子完全不同。只有提升到人的殊性这一层次才可以"道性善"。他也驳斥告子"仁内义外"的说法，而坚持"仁义内在"。真正的症结在于，孟子认为仁义属性，是不同于禽兽的特殊人性，绝非外铄。他自己的结论是："乃若其情，则可以为善矣，乃所谓善也。若夫为不善，非才之罪也。"（《告子上》）这是前所未有的突破。此处"情"字指"情实"讲，《孟子》文本只讲不忍人之"心"，或恻隐之"心"，未讲恻隐之"情"，但宋儒以降所作的引申并不算错。[①] 孟子的性善论肯定了内在于吾人生命中超越

[①] 孟子的心性论有许多后续问题，不只宋明，一直延伸到当代，读者有兴趣可参见刘述先：《孟子心性论的再反思》，《当代中国哲学论：问题篇》，River Edge, NJ: Global Pub.Co., 1996年。

的禀赋,为吾人行善或向善的根据。然吾人是否真能发挥这样的禀赋,则存乎其人,故不能不努力做修养工夫,回归孔子"为己之学"的传统,此处不赘。这里需要进一步阐明的是天与人之间的关联:

> 公都子问曰:"钧是人也,或为大人或为小人,何也?"孟子曰:"从其大体为大人,从其小体为小人。"曰:"钧是人也,或从其大体,或从其小体,何也?"曰:"耳目之官不思而蔽于物,物交物则引之而已矣。心之官则思,思则得之,不思则不得也,此天之所与我者。先立乎其大者,则其小者弗能夺也。此为大人而已矣。"(《告子上》)

对于孟子而言,不只有人禽之别,还有大人与小人之别。但人与人的分别不在禀赋上,乃在官能运用的选择上。一般人去禽兽不远,用耳目之官,每易为物诱。但有修养工夫的人却善用心之官,不逐物转;通过反思,上通于天,建立主宰,乃能迈越群伦,成为大人。"心"之枢纽性地位可见。而人之所以能够上达,终极的根源在超越的"天"。他说:

> 尽其心者,知其性也,知其性则知天矣。存其心,养其性,所以事天也。夭寿不贰,修身以俟之,所以立命也。(《尽心上》)

这样才清楚明白地看得出来,孟子把他的心性论和天道论打成一片,大大地阐发了孔子在这方面发挥不足的思绪。依孟子,我们之所以能"知"天,正因为尽心知性到了极限,自然而然回归吾人生命、存在与价值的根源,体证(知)天道之真实无妄。但这一段话言简意赅,有将其分解成为三个不同的理解的阶段,理论效果复杂,非本文所及。①但孟子还有另外一种表达的方式。他又说:"诚者,天之道也,思诚者,人之道也。"(离娄上)"诚"的意思是真实无妄。天之道即真实无妄,人之道以天为模楷。他又说:"万物皆备于我矣。反身而诚,乐莫大焉。"(《尽心上》)这句话被解释成为某种神秘主义的思想。②其实孟子无意教人追求一种超乎日用常行的神秘,他体认的乃是光天化日之下的神秘。如果能够充分体现人人自己的性分,自然不假外求。而且推己及人,这正是孟子内圣外王的理想。但这样的理想能实现多少却不是人可以控制的,自有其命限。在这样的情形下,人将何以自处?他提出了性命对扬的说法,可以发人深省。他说:

> 口之于味也,目之于色也,耳之于声也,鼻之于臭也,四肢之于安佚也,性也,有命焉,君子不谓性也。仁之于父子也,义之于君臣也,礼之于宾主也,智之于贤者也,圣人之于天道也,命也,有性焉,君子不谓命也。(《尽心下》)

这一段话似乎费解,但孟子的理路是一贯的。就口目耳鼻、味色声臭而言,固然可以照告子的理解将之当作性,但君子却把它仍当作命,不必加以深究。而父子、君臣这一类的关系,固然也可以说有命的成分,然父慈子孝是性分中应发展出来的德性,不能一切安之于命,必须把不理想的现实改变过来。而孟子这样的理

---

① 王阳明的《传习录》即不止一次将这一段话理解成为三个不同的阶段,读者可以找出相关段落加以检证,本文非讨论此一问题之适当场合,乞谅。
② 冯友兰:《中国哲学史》上册,香港:三联书局第一版,1982年,第126—128页。

想主义者有强烈的信念：顺正道而行，自然有正面的效果。他说：

> 可欲之谓善，有诸己之谓信，充实之谓美，充实而有光辉之谓大，大而化之之谓圣，圣而不可知之之谓神。(《尽心下》)

境界不断提升，终必可以向往圣、神的理想。他又说："形色，天性也；惟圣人然后可以践形。"(《尽心上》)他这么看重形色，可见他没有割裂身心。而君子的作为不可能没有广泛的影响。他说：

> 民日迁善而不知为之者。夫君子所过者化，所存者神，上下与天地同流，岂曰小补之哉！(《尽心上》)

然事与愿违，他也和孔子一样，栖栖皇皇，周游列国，终不见用，退而著书(《孟子》七篇)，留下了一份宝贵的精神遗产于后世。

《大学》与《中庸》

《大学》与《中庸》是《小戴礼记》中的两篇，被宋儒提出来与《论》《孟》组成四书，朱子为之作集注。元代科举，由1313年开始即考朱熹《四书集注》，到清末1905年废科举为止，对中国士人造成了深远的影响。先由《大学》说起，《集注》首引程子曰：

> 《大学》，孔氏之遗书，而初学入德之门也。于今可见古人为学次第者，独赖此篇之存，而《论》《孟》次之。学者必由是而学焉，则应乎其不差矣。

朱子并据程子之意，分为经一章，传十章，兹引最重要的经文一章如下：

> 大学之道，在明明德，在亲民，在止于至善。知止而后有定，定而后能静，静而后能安，安而后能虑，虑而后能得。物有本末，事有终始，知所先后，则近道矣。
>
> 古之欲明明德于天下者，先治其国；欲治其国者，先齐其家；欲齐其家者，先修其身；欲修其身者，先正其心；欲正其心者，先诚其意；欲诚其意者，先致其知，致知在格物。物格而后知至，知至而后意诚，意诚而后心正，心正而后身修，身修而后家齐，家齐而后国治，国治而后天下平。
>
> 自天子以至于庶人，壹是皆以修身为本，其本乱而末治者否矣。其所厚者薄，而其所薄者厚，未之有也。

朱注谓："右经一章，盖孔子之言，而曾子述之，其传十章，则曾子之意，而门人记之也。"由考据的观点看，朱子所言未必是事实。但如今疑古的风尚过去，《大学》应是先秦儒传留下来的典籍，应该不会有太大的差错。

经文提出了所谓三纲领与八条目。三纲领为"明明德""亲民""止于至善"。朱注又依程子之意，将"亲民"改为"新民"。八条目是："格物""致知""诚意""正心""修身""齐家""治国""平天下"。用后儒内圣外王的说法，前五目为内，后三目为外，而内外兼顾，本末明辨。传五章释格物致知，朱子认为有阙文，乃作补传如下：

> 所谓致知在格物者，言欲致吾之知，在即物而穷其理也。

> 盖人心之灵，莫不有知，而天下之物，莫不有理；性于理有未穷，故其知有不尽也。是以大学始教，必使学者即凡天下之物，莫不因其已知之理而益穷之，以求至乎其极。至于用力之久，而一旦豁然贯通焉，则众物之表里精粗无不到，而吾心之全体大用无不明矣。此谓物格，此谓知之至也。

朱子的渐教，致知显然不限于西方所谓的经验知识，最后经过一种异质的跳跃，达致一种道的体悟。朱子继承程伊川的睿识，把"格物穷理"发展成为一整套的说法，建构了程朱理学的正统，影响深远。然而朱子未能充分正视北宋初张横渠便已作出的"见闻之知"与"德性之知"的分别，不能斩断外在知识的牵连，故受到倡顿教体现"心即理"的陆象山的批评，在鹅湖之会讥其为支离。到明代王阳明在龙场顿悟，乃明白"圣人之道，吾性自足，向之求理于事物者误也"（《年谱》37岁）。以后阳明用《大学》古本，不认为有阙文，最后乃讲"致良知"（《年谱》50岁）。但王学又被质疑为转内遗外，尤其王门后学不免荡越，刘蕺山乃建构了他的"诚意慎独"教，归显于密，将阳明心学之显教归于蕺山慎独之密教。[①]

由以上所说，可见对于《大学》的文本可以作不同的阐释，故光只是回归古典，并不足以决定义理的纲维。圣学的发展容许不同的分支，虽不可随意扭曲古典牵随己意，但诠释可以有不同的取向，只能依靠睿智的判断作出实存的抉择。

---

① 读者对本节讨论有兴趣的话，可以参阅刘述先：《论儒家哲学的三个大时代》，宋明儒学的部分。

接着再讲《中庸》，朱子《集注》引子程子曰：

"不偏之谓中，不易之谓庸。中者，天下之正道；庸者，天下之定理。"此篇乃孔门传授心法，子思恐其久而差也，故笔之于书，以授孟子。其书始言一理，中散为万事，末复合为一理，"放之则弥六合，卷之则退藏于密"，其味无穷，皆实学也。善读者玩索而有得焉，则终身用之，有不能尽者矣。

由考据的观点看，程子的说法并不能证实。而《小戴礼记》中之《中庸》，有"今天下车同轨，书同文，行同伦"之言（第28章），有人乃以此篇为汉代的作品。但如今疑古的风尚过去，后时代用语掺入古典，并不能证明《中庸》的原典不是先秦文献。就思想脉络来看，这篇东西是思孟学脉的作品应该是符合实际的判断。《中庸》是儒家典籍中最富哲学意味的一篇，全文33章，兹引最重要的第1章如下：

天命之谓性，率性之谓道，修道之谓教。道也者，不可须臾离也；可离，非道也。是故君子戒慎乎其所不睹，恐惧乎其所不闻。莫见乎隐，莫显乎微；故君子慎其独也。喜怒哀乐之未发谓之中，发而皆中节谓之和。中也者，天下之大本也；和也者，天下之达道也。致中和，天地位焉，万物育焉。

《中庸》开宗明义的三句话，与《大学》的三纲领有异曲同工之妙。天禀赋给我们的是吾人的性，顺着吾人的本性去做就是道，而通过修养去充扩道乃是教。这是与孟学的精神完全符合的。紧接下来的讨论集中在工夫论，到宋明成为核心课题，朱子即苦参中和才找到自己成熟的思想。

就内容来看，《中庸》一篇可以分为两个部分。上半由第 2 章到第 20 章前半，讲中庸多言人事，后半由第 20 章后半到第 33 章为止，则集中言诚，颇富形而上之意涵。第 2 章引孔子曰："君子中庸，小人反中庸。君子之中庸也，君子而时中；小人之反中庸也，小人而无忌惮也。"这与《论语》的说法是完全一致的。第 12 章则曰：

> 君子之道费而隐。夫妇之愚可以与知焉；及其至也，虽圣人亦有所不知焉。夫妇之不肖可以能行焉；及其至也，虽圣人亦有所不能焉。天地之大也，人犹有憾。故君子语大，天下莫能载焉，语小，天下莫能破焉。《诗》云："鸢飞戾天，鱼跃于渊。"言其上下察也。君子之道，造端乎夫妇，及其至也，察乎天地。

由此可见，此处言人事并未与天道相割离。后面第 27 章乃有进一步的发挥与呼应：

> 大哉圣人之道！洋洋乎发育万物，峻极于天。优优大哉！礼仪三百，威仪三千，待其人而后行。……故君子尊德性而道问学，致广大而尽精微，极高明而道中庸。

《中庸》后半集中在"诚"的体证与阐发，第 20 章后半有曰：

> 诚者，天之道也；诚之者，人之道也。诚者，不勉而中，不思而得，从容中道，圣人也。诚之者，择善而固执之者也。博学之，审问之，慎思之，明辨之，笃行之。……果能此道矣，虽愚必明，虽柔必强。

朱注"诚"者，"真实无妄"之谓，大体得之。天乃本然如此，人则要以天为模楷,往这个方向努力。这里所说的"中道"是上半部思想的延续,也说明了"诚"是同一个"道"的不同表达,只是在下半部有前所未有淋漓尽致的发挥罢了!第21章曰:"自诚明,谓之性;自明诚,谓之教。诚则明矣,明则诚矣。"这是对《中庸》首章进一步的疏解。第22章曰:

> 唯天下至诚,为能尽其性。能尽其性,则能尽人之性;能尽人之性,则能尽物之性;能尽物之性,则可以赞天地之化育;可以赞天地之化育,则可以与天地参矣。

《中庸》以天人感通,人与天地参,是伙伴参与的关系。第23章又接着说:

> 其次致曲,曲能有诚。诚则形,形则著,著则明,明则动,动则变,变则化。唯天下至诚为能化。

依传统的解释,这是次于圣人的贤人境界。但对现代人来说,可能是更值得重视的一个层面。牟宗三先生乃有"曲通"之说,从内圣之"运用表现"直接推不出科学、民主。由内圣到外王,在曲通之下,有所突变,才能曲转出他所谓的"架构表现"。① 无论是否同意牟先生的看法,《中庸》的智慧无疑对现代人也可以有重大的启发。第25章曰:

> 诚者,自成也,而道,自道也。诚者,物之终始,不诚无物。是故君子诚之为贵。诚者,非自成己而已也,所以成物也。成己,

---

① 牟宗三:《政道与治道》,增订新版,台北:台湾学生书局,1980年,第56页。

仁也；成物，知也；性之德也，合外内之道也，故时措之宜也。

儒家的理想是通天人，合外内之道，这样的思想到《易传》又有进一步的发挥。

《易经》与《易传》

　　我从大学时代起就对《易》有浓厚的兴趣，也形成了不少个人的见解，但篇幅不容许我详论，在此只能作一最简约的综述。总结来说，《易经》和《易传》本来是两部书。《易经》包括卦、爻辞，是卜筮之书，在周初整理成为一个六十四重卦的完整系统。然后不知为什么沉寂了数百年，到《左传》《国语》才又看到一些占筮记录的出现。但孔子往义理方向转向，引用古籍阐发义理的方式是一贯的。《易传》肯定是孔子及其后学共同完成的一部哲学宝典，化腐朽为神奇。如今疑古风尚过去，太史公言孔子晚而喜《易》，并列出授《易》传承，由商瞿到司马谈父子，历经十代，应有相当根据。过去对立《论语》（人）与《易传》（天），但通过我的研究，阐明《论语》隐涵一条"天人合一"的线索，与《易传》互相呼应。

　　然而我曾感到困惑，不知怎样能够把握到《易传》统一的中心论旨。研读卡西勒（Ernst Cassirer）之后才明白那样是缘木求鱼。[①]

[①] 我在台大的硕士论文即写卡西勒（1958），改写后收入拙著《文化哲学的试探》，新版，台北：台湾学生书局，1985年。拙译卡西勒，《论人》（*An Essay on Man*）则由台中：东海大学出版，1959年。

卡西勒发现，人类思想发展是由具体走往抽象；科学发展由"实质统一"（substantial unity）观走往"功能统一"（functional unity）观：不同文化形式不可化约为同一题材，却都运用符号（symbols）而展示了功能的统一性。这给与我重大的启发。把这样的睿识应用到《周易》，就明白不能将之化约成为同一题旨：在发展的过程中，出现了"神秘符示"（mystical symbolism）、"理性/自然符示"（rational/natural symbolism）、"宇宙符示"（cosmological symbolism）与"道德/形上符示"（moral/metaphysical symbolism）等四种不同的符示，却展示了功能统一性。① 此处未便申论。

结　语

儒家哲学经历先秦、宋（元）明、当代三个大时代，不断有进一步的开拓与转进，但基本的规模与指向已形成于先秦。脱离了这个基础，根本无法谈宋明与当代儒家，其重要性不言而喻。在先秦儒学，我们继承了宝贵的传统资源，但也形成了限制，变成了我们的负担，要不断努力加以超脱。故我尝言传统的负担与资源一根而发。② 读者幸三致意焉！

（原载《哲学与文化》革新号第 456 期 [第 39 卷第 5 期], 2012 年）

---

① 读者对本节所论有兴趣，可以参阅拙著《论儒家哲学的三个大时代》，书中提供了比本文较详细的资料与阐释，第 42—56 页。
② 论旨的阐发参拙著《理想与现实的纠结》，台北：台湾学生书局，1993 年。

道统的建构与朱子在宋明
理学中地位的衡定

在我的《朱子哲学思想的发展与完成》发表以后,对于朱子思想的理解与阐释除了有进一步拓展之外,并没有根本的变化。① 但近年来,有关朱子的研究成果层出不穷,最著者如余英时《朱熹的历史世界——宋代士大夫政治文化的研究》获得国际瞩目的克鲁格奖(John W. Kluge Prize, 2006),不容忽视。② 而我一向关注道统的建构与传承问题,1982 年在檀岛举行的国际朱子学会议上即提交《朱子论道统》一文。③ 近年来延伸到明儒道统观的演变,认为有必要彻底重探,以衡定朱子在宋明理学中的地位。

---

① 刘述先:《朱子哲学思想的发展与完成》,增订三版,台北:台湾学生书局,1995 年。下文所论多据此书,没有必要时不会详加征引。
② 余英时:《朱熹的历史世界——宋代士大夫政治文化的研究》,两卷,台北:允晨,2003 年。我曾写长文加以评论,英时兄也详加回应,往复数回。相关文献见:《九州岛学林》第 1 卷第 2 期(2003 冬季号)、第 2 卷第 1 期(2004 春季号)、第 2 卷第 2 期(2004 夏季号)。
③ Shu-hsien Liu: "The Problem of Orthodoxy in Chu Hsi's Philosophy", in *Chu Hsi and Neo-Confucianism*, ed. Wing-tsit Chan (Honolulu: University of Hawaii Press, 1986), pp.437—460.

一、宋明理学

众所周知,理学有广狭二义。广义的宋明理学包括狭义的程朱理学与陆王心学。但牟宗三先生提出三系之说。[①]他的意见是北宋三家濂溪、横渠、明道都是天道性命直贯的思路,此时尚未分系。但伊川另辟蹊径。朱子发扬光大,以理只存有而不活动,心是气之精爽者,才是行动的枢纽,而开启了一条横摄的思路,造成"别子为宗"的奇特现象。由北宋到南宋,五峰接上北宋三家,以心著性,晚明蕺山思想与之若合符节,形成了第三系的思路。牟先生坦承蕺山与五峰全无思想渊源,故他的三系说是完全基于哲学的考虑。牟先生对宋明理学的理解透辟深入,我一向以其马首是瞻,但对三系说却未敢苟同,理由是不只是细节方面有差异,五峰以性无善无恶彰显性的超越义,蕺山则反对龙溪以性无善无恶而坚持性有善无恶,二者即难以划归一系。[②]然而朱子虽以理只存有而不活动不免在根本睿识处有所歧出,牟先生并未否认朱子在客观方面为"宗"。仅就这一点而言,我还是和牟先生同调。朱子的思想是有所偏失的,未能真正集大成,象山在生时就向朱子提出挑战,绝不是偶然的。故我没法像钱穆先生那样对朱子推崇备至,[③]不能不持批判的态度。然而即使如此,朱子的格局宏大,思入精微,言必有据,不是过分

---

① 牟宗三:《心体与性体》,三卷·第一册,台北:正中书局,1968—1969年,第42—60页。
② 参见刘述先:《有关理学的几个重要问题的再反思》,原刊《国际朱子学会议论文集》(1993),收入《理想与现实的纠结》,台北:台湾学生书局,1993年,第240—262页。
③ 钱穆:《朱子新学案》,五卷,台北:三民书局,1971年。

简截、一切直承孟子的象山可以抗衡的。我也不像牟先生那样偏好象山。朱子批评象山的后学把气质之杂当作本性加以全面肯定是会有严重的后果的。可以说朱子预见了泰州派参之以情识的流弊。从功夫论来看，象山的顿，朱子的渐，分别有其定位，不可加以偏废。到了明朝，阳明心学切中时弊，得以脱颖而出。但我曾指出，阳明虽为象山鸣冤，但从不征引象山；他建立学问，提出《大学》新解，都是由朱子转手，可见朱子学是阳明学的一个重要渊源。总之，阳明是企图超越朱陆，建立他自己的思想体系。可惜他未能完成这样的心愿，遽尔逝世。由于他在不同的时期讲不同的东西，王门后学莫衷一是，末流不免参之以情识，荡之以玄虚。王学甚至被诬为明亡的原因，以至在清初造成典范的转移，理学为新的学术所取代。[①]一直到当代新儒家才重新恢复这一学术的统绪。[②]

宋明理学的标准英译是 Sung-Ming Neo-Confucianism（宋明新儒家）。[③] 1952 年卜德（Derk Bodde）译冯友兰《中国哲学史》为英文，由普林斯顿大学出版社出版，采取此译，此后学界并无异辞。一直到 1992 年田浩在 Philosophy East and West 七月号上发

---

① 清初学术典范的转移有各种不同的说法，见 Benjamin A. Elman, *From Philosophy to Philology*（Cambridge, MA: Harvard University Press, 1994）；又可参见我和郑宗义著：《从道德形上学到达情遂欲——清初儒学新典范论析》一文，收入刘述先：《儒家思想意涵之现代阐释论集》，修订版，台北："中央研究院"中国文哲研究所，2004 年。

② 参见刘述先：《从典范转移的角度看当代中国哲学思想之变局》，收入《儒家思想意涵之现代阐释论集》。

③ 我对宋明儒学的理解与综述，参考我于 2005 年在新亚书院所作的第十八届钱宾四先生学术文化讲座第二部分：《宋（元）明儒学》，《论儒家哲学的三个大时代》，香港：中文大学出版社，2008 年。本文属反思性质，故不烦作详细征引。此书第一部分为"先秦儒学"，第三部分为"现代新儒学"。

表文章，批评主流用了这样一个语意含混不清、在历史描绘上完全没用的词语，而提议加以变革。这引起了狄百瑞的还击，双方展开了激烈的争辩。无可讳言，"新儒家"一词是有它的问题，但一个词被沿用了几十年要突然加以弃置是不可能的事。田浩提议恢复用"道学"一词，只怕问题更大。不只容易和"道家""道教"混淆，中国人在《宋史》立《道学传》之后也就无人为继，一直到冯友兰才重新讲道学，也缺少积极正面的回响。他以清代道学之继续讲颜习斋和戴东原，根本没有注意到典范的转移，缺少必要的疏理，不足为训。故我建议保留"宋明新儒学"一词代替广义的"宋明理学"，下面有理学和心学两个分支。这一统绪到明末清初为止，以蕺山的弟子梨洲为殿军。一直要到当代新儒家才重新恢复这一统绪。而根据余英时的研究，南宋知识分子分化成为两个政治上对立的集团，后来才演变成为庆元党禁的事件。但朱子死后，这种对立也逐渐消解于无形。故朱子在很短的时间之内（到理宗时）便已得到平反。正因为"道学"在当时是政治的组合，故陈傅良、叶适根本不是理学家，也属于道学这一边。由此可见"道学"根本不可能作为严格学术分类的词语，理学家的终极关怀是天道性命相贯通的圣学，道统的存续才是朱子与其同道的中心关注之所在。

二、道 统

朱子是晚熟的思想家，参悟中和要到39岁之后回归伊川"涵养须用敬，进学则在致知"才成立新说，后来乃有一心、性、情的三分架构，发展了整套的理气二元不离不杂的形上学，成为学术的宗主。他的思想格局恢弘、学力充实，性格勇毅，铁肩担道义。最重要的是，他一力建构了道统，在《中庸章句序》中，他说：

> 道统之传有自来矣。其具于经，则允执厥中者，尧之所以授舜也。人心惟危，道心惟微，惟精惟一，允执厥中者，舜之所以授禹也。……自是以来，圣圣相承。……若吾夫子则虽不得其位，而所以继往圣，开来学，其功反有贤于尧舜者。然当是时，见而知之者，惟颜氏、曾氏之传得其宗。及曾氏之再传，而复得夫子之孙子思。……又再传以得孟氏。……及其没而遂失其传焉。……故程夫子兄弟者出，得有所考，以续乎千载不传之绪。①

这篇文章虽短，却有非常的重要性。唐代韩愈早就提出了道统的观念，回归孟氏，但他只能在文化的层面辟佛，所以朱子并没有把韩愈归入道统的统绪，而跳过汉唐，回到先秦。其实孟子因夫子不得其位，深表遗憾。朱子却把师道放在君道之前，以其功反有贤于尧舜者，这样的卓识在君主时代竟然形诸文字，委实令人震惊，感到不可思议。朱子根据程子，所引十六字心传："人心惟危，道心惟微，惟精惟一，允执厥中。"源出古文《尚书·大禹谟》，但清初阎若璩考证其为伪作，似乎动摇了道统的基础。我曾借田立克的说法，分别"耶稣学"（Jesusology）的考证与"基督学"（Christology）的信仰，指出朱子建立道统属于"信仰"（faith）的范围，不是"考证"

---

① 《朱子文集》，卷七十六。

可以推翻的。有关耶稣其人其事的考证缺少确定性，但耶稣基督钉十字架为人类赎罪之后复活的信仰却是绝对的。同样，朱子何尝不知道古圣王的传说缺少确定性，但"危、微、精、一"的心传对相信道统的人而言却是绝对的。① 依这篇序言，二程是理学真正的开创者，但后来又有进一步的繁衍，黄榦书《朱子行状》，乃曰：

> 道之正统，待人而后传。自周以来，任传道之责，得统之正者，不过数人。而能使斯道章章较著者，一二人而止耳。由孔子而后，周、程、张子继其绝，至先生而始著。

以后《宋史》引其说，列代学者宗之不乏其人。更重要的是，朱子与吕东莱合编《近思录》，选录了周子、二程、张子的著作。西方学者如魏伟森注意到，《近思录》的编纂开创了一个传统，自然也就把其他人物排除在外，狭义的道学在这种方式之下形成了宗派，有向心和排他的双重作用。② 正如宋叶采（平岩）《近思录集解》原序所说：

> 尝闻朱子曰：四子，六经之阶梯；《近思录》，四子之阶梯。盖时有远近，言有详约不同，学者必自近而详者，推求远且约者，斯可矣。③

---

① 刘述先：《朱子哲学思想的发展与完成》，第 426—427 页。
② Cf. Thomas Wilson, *Genealogy of the Way: The Construction and Uses of the Confucian Tradition in Late Imperial China*（Palo Alto, CA: Stanford University Press, 1995）.
③ 朱熹编：《近思录》，台北：台湾商务印书馆，1967 年。

朱子建构道统影响深远。1313年元代科举以朱子的《四书集注》取士,一直到清末(1905)废弃科举为止,七百年来他的地位被视为孔子以后一人,是一点没有夸张的。《近思录》的影响也是不言而喻的。我们所熟知的所谓濂、洛、关、闽即是通过此书而形成。《近思录》共14卷,由"道体"到"观圣贤",通过朱子与东莱的眼光,选录了濂溪、明道、伊川、横渠四子的文字;以后流行的如张伯行的《集解》,朱子的比重越来越重,明显地归趋于闽学。朱子思想的确赋有综合的性格,他是通过吸纳北宋诸家的思想以完成他自己的哲学系统的。

首先,他把向无藉名的周濂溪推到前沿,使之成为开创理学的一位最具关键性的先驱人物。其实濂溪只是二程年轻时的家庭教师,二程也不承认学问源自濂溪。主要原因在于朱子欣赏濂溪的《太极图说》一文,但这在当时就引起了激烈的争辩。陆象山兄弟认为此文非濂溪所作,或者是濂溪不成熟的少作,因文章一开始就言"无极",而这是老氏语。但朱子侃侃而谈,说明伏羲画卦,文王重卦,孔子作十翼,不断有新的开创,没有理由周子不能作新的开创。此文一开始说"无极而太极",意思是"无形而有理",不可与道家之说混为一谈。朱子的说法虽未必正确,却可以自圆其说。事实上,《太极图说》的义理与濂溪的《通书》相通。最重要的是,濂溪似乎是把道家的修炼图颠倒了过来,成了宇宙的创生图,同时也突破了汉儒的气化论,与儒家的《中庸》《易传》结合起来,打开了一条全新的途径。后世接受了朱子建构的这一统绪。到《近思录》广为流传,濂、洛、关、闽的说法深入人心,不可动摇矣。

张横渠在行辈上其实是二程的表叔,因门人作《行状》谓横渠学于二程,乃将洛学置于关学之前。但伊川根本否定了这样的说法。朱子却仍然将洛学置于关学之前,可能是因为哲学上的理由,因二程批评张载的《正蒙》驳而不纯乃耳。但他们都肯定张载的《西铭》是孟子以来难得一见的大手笔。此文在道德伦理上的重大影响不下于《太极图说》在宇宙论上的重大影响。由于《西铭》讲"民吾同胞,物吾与也",引起了杨龟山的质疑,以为这是墨氏兼爱之旨,伊川复函指出,《西铭》明理一而分殊,墨氏则二本而无分,怎可与之混为一谈!朱子后来把"理一分殊"发扬光大,成为新儒家的共识,一直到今日通过创造性的诠释还有其意义。横渠的思想丰富多彩,但他往往选择一些奇特、不够圆熟的表达方式,如清、虚、一、大之类,这不仅二程不满,牟宗三先生也批评横渠有一些"滞词",如"合虚与气有性之名","合性与知觉有心之名"等。但横渠的思想极富于原创性,在心性之学方面有了前所未有的突破。① 譬如在《诚明篇》中,他第一个区别了"天地之性"与"气质之性",前者等同于"义理之性",孟子是在这个层次上道性善;气性是在另一层次,虽不必恶,却是恶的来源,二程乃谓:"论性不论气,不备;论气不论性,不明。"横渠又在《大心篇》作出了"见闻之知"和"德性之知"的分别,所谓"见闻之知乃物交而知,非德性所知。德性所知不萌于见闻"。牟先生由"心知廓之"引申出去,认定横渠以为人有康德所谓"智的直觉"(intellectual intuition),这不免引起争议,我在这里无意介入这方面的争论。牟先生并引《诚明篇》曰:

---

① 牟宗三:《心体与性体》,第一册,有关横渠之分论。

> 天所性者，通极于道，气之昏明不足以蔽之；天所命者，通极于性，遇之吉凶不足以戕之。……知性知天，则阴阳皆吾分内尔。莫不性诸道，命诸天。

性与天道相通。道虽必带着气化，而不是实然的气化。通体以达用，若大路然，故曰道，而"天道性命相贯通"。这成为宋明理学的共法。但朱子最欣赏的是横渠"心统性情"一语。他对五峰心性对扬的说法全无相应的理解，批评他一个情字都无下落，进一步的议论乃谓：

> 后来看横渠心统性情之说。乃知此话大有功，始寻得个情字著落，与孟子说一般。孟子言：恻隐之心，仁之端也。仁，性也，恻隐，情也，此是情上见得心。又曰：仁义礼智根于心。此是性上见得心。盖心便是包得住那性情。
>
> 性是体，情是用。心字只一个字母。故性情字皆从心。①

这是朱子用由伊川仁性爱情说推展出来的心、性、情三分架构来解孟子，孟子本身并没有这样分解。朱子对于明道一本之论并不相契，但他追随伊川，对于明道开创的地位并没有否定或怀疑。明道由实存的体证把握天理，所谓"天理二字却是自家体贴出来"。他所彰显的是天理的超越义：

> 天理云者，这一个道理更有甚穷已？不为尧存，不为桀亡。人得之者，故大行不加，穷居不损。这上头来更怎生说得存亡

---

① 《朱子语类》，卷五。

加减？是他原无少欠，百理俱备。①

就这一方面来说，朱子的体证并无间然。明道有答横渠问所写的《定性书》谓：

> 所谓定者，动亦定，静亦定，无将迎，无内外。……夫天地之常，以其心普万物而无心。圣人之常，以其情顺万物而无情。故君子之学莫若廓然而大公，物来而顺应。

这是明道的少作，但却是成熟之作。功夫的圆融，为后世所称道，朱子也无异词，他所不契者为《识仁篇》。明道谓：

> 学者须先识仁。仁者浑然与物同体。义礼智信皆仁也。识得此理，以诚敬存之而已。不须防检，不须穷索。②

朱子由这一类的话头感觉明道说话浑沦，学者难看懂，故此文《近思录》不录，其心态之不契如此。朱子所进一步发扬的是伊川分解的思路。伊川比明道只小一岁。二程兄弟性格各别，这是大家熟知的事实。但即便他们本人也不觉得彼此之间有什么大分别，故二程语录有很大一部分并未标明是明道或伊川语。但二人的哲学思想确有差别，这一个问题直到牟宗三先生才彻底加以解决。③朱子参悟中和之后即与南轩进一步深入探究仁的问题，终于完成《仁说》

---

① 《二程遗书》，卷二上。
② 同上。
③ 譬如牟先生分别总括明道与伊川言仁之纲领，见《心体与性体》，第三册，第 231—232 页。

一文。^① 此文前半直陈己意,极圆整而有条理。朱子首先肯定天心,以生生为内容;天心之内在于人而为人心,其本质即为仁。日后即总结为"心之德、爱之理"的说法。此文后半乃对伊川仁性爱情说之质疑有所回应,其言曰:

> 或曰:程氏之徒言仁多矣。盖有谓爱非仁,而以万物与我为一为仁之体者矣。亦有谓爱非仁,而以心有知觉释仁之名者矣。今子之言若是,然则彼皆非欤?曰:彼谓物我为一者,可以见仁之无不爱矣,而非仁之所以为体之真也。彼谓心有知觉者,可以见仁之包乎智矣,而非仁之所以得名之实也。……抑泛言同体者,使人含胡昏缓而无警切之功,其弊或置于认物为己者有之矣。专言知觉者,使人张皇迫躁而无沉潜之味,其弊或至于认欲为理者有之矣。^②

朱子不直接批明道,或者是为贤者讳,但对程门后学就不容情了。此文主要驳斥"物我为一""心有知觉"二说,前者直接是批评龟山(万物一体),后者直接是批评上蔡(以觉训仁),而间接都是在辩驳明道。其实都缺乏相应的理解,此处不赘。朱子就以这样的方式通过四子,指往闽学迈进的方向。

---

① 关于《仁说》全面的讨论,参见刘述先:《朱子哲学思想的发展与完成》,第四章。
② 《朱子文集》,卷六十七。

三、心　学

由以上讨论，可见朱子的学术与思想确富有综合的性格，尽管他的综合，如牟宗三先生所指出的并不理想。朱子殁后，很快就取得正统的地位。正因为朱子建立的体系笼罩性太强，朱子的后学并没有出现出类拔萃的思想或学问家。元代已有一些朱陆合流的趋势，但还难成气候。[①] 但到明代，却有了巨大的改变。《明儒学案》卷五《白沙学案》有云："有明之学，至白沙始入精致。……至阳明而后大。"明代科举无疑以朱子为正统，但在科举之外，陈白沙倡自得之学，赢得极高的清誉。王阳明更挑战流行朱学的权威，竟然打出一片天，造成心学与理学抗衡的局面。阳明的良知当然渊源自孟子，但他的学问由百死千难中得来，龙场的顿悟更是切身的证验。宋明理学的两个分支，程朱——陆王对峙，固然良有以也。然而阳明虽为象山辩冤，却以陆学为粗，也不是逢朱必反，他反的只是流行的朱学。他承认自幼即承袭朱学而成长，故意存调停，所以才会编纂《朱子晚年定论》一书，不想反而引起了更大的争议。然而朱子无疑是阳明思想的一个重要渊源，他是借与朱学的对立而展开他的思路。朱子讲《大学》，格物致知穷理，阳明乃恢复《大学》古本，讲致良知。朱子建构了一套理气二元不离不杂的形上学，阳明则主张理气一元，有偏向内在的态势。朱子参悟中和，阳明致陆原静书也有关于中和极圆融的诠释与表达。关于道统，他虽没有明白宣示

---

① 参见蒙培元：《理学的演变》，第三章"元代时期理学的演变"，福州：福建人民出版社，1984年。

自己的见解，但他旁置朱陆，在天泉证道讨论四句教时，特别标举出颜子、明道，而不提伊川，隐隐然肯定了濂溪的地位。他的确无意完全抹煞朱子，只是对流行朱学、热衷科举，不免害道而深为反感，乃力倡知行合一，以扭转时代的风气。

可惜的是王门分化，王学末流有所荡越，阳明的壮志未酬，难免遗憾终身。到明末最后一位有原创性的大儒刘蕺山乃"归显于密"，又给《大学》一套新的诠释，而倡诚意慎独教，以心著性，自成一家言说。他对朱子缺乏相应的理解，《宋元学案》采用他对朱子的诠释颇多谬误。他对阳明心学则取修正的态度。在道统方面，他特别推尊濂溪主静，和阳明一样回归颜子、明道。由此可见，朱子建构道统的线索为后世所尊崇，只在内容方面有所调整而已。清初官学虽然尊朱，但康熙并看不起下面的附和者，学术也改弦易辙，发生典范转移，宋明理学的统绪到此画下句号，梨洲是这条线索最后的殿军。①

四、结　语

宋明理学的统绪要到当代新儒家才恢复，成为20世纪三大有活力的思潮之一，此处不赘，②只略缀数语谈朱子的国际与当代意义作为文章的结语。1982年在檀岛举行国际朱熹会议，是中国哲学家

---

① 参见刘述先：《黄宗羲心学的定位》，杭州：浙江古籍出版社，2006年。
② 方克立：《现代新儒学与中国现代化》，天津：天津人民出版社，1997年。

的殊荣，无论对朱子的理解、评价如何，朱子在宋明理学的领导地位明白地被肯定了。这个会议首次有海峡两岸的专家学者参与。此后有关朱子的学术会议不断举行，单就我自己亲身参与的就有不少，最引人注目的是1987年在厦门、1992年在台北举行的国际会议。最近的一次是2008年在复旦大学举行的"宋代新儒学的精神世界——以朱子学为中心"的小型国际会议，由我做了一场主题演讲。

然而近年来更重要的突破是，与国际的交流让我们越来越深切地感受到，传统的大中国中心主义是既有不当的偏执，也有不合时宜的缺点。我们现在明白，韩国李朝自退溪以后，朱学即为正统。其没有受到阳明心学的挑战，对朱学的各个方面问题，如四端七情之辩，都有更深于本土的探究。而韩国的儒学深入民间，是迄今为止比海峡两岸儒化更深的国家。中华文化、经典由韩国渡海传到日本，影响到德川幕府，而日本的态度则是欲迎还拒。由伊藤仁斋、荻生徂徕以降，均与朱学抗衡，而有不同的特色。日本比较欠缺宋明儒之超越性，转趋自然主义以及更为实际的取向，其思绪还先发于戴震。近年台湾大学人文社会高等研究院在黄俊杰教授的领导之下，进一步开展了东亚的视野研究：一方面东亚如日本、四小龙（台湾、香港、新加坡、韩国），乃至越南、泰国，都有儒家的背景，而有其共同之处，亚洲也因为经济力量的强劲，而渐渐形成一个足与美、欧抗衡的另一地区；另一方面各国的传承与拓展都分别有其特色，不可将之简单化。这一研究群很快就出了很多卓越的研究成果，最重要的是《东亚文明研究丛书》。这套丛书第一批18本并迅速在上海华东师范大学出版社出简体字版（朱氏宗亲会的朱杰人为主编），推动了两岸学术文化的交流。

在过去英语世界不免忽视儒学在哲学上以及作为精神传统的意义。但近年来已逐渐得到改善。① 惹人注目的是,杜维明为世界精神传统系列编了两大卷的《儒家精神性》(Confucian Spirituality),里面收了狄百瑞论朱子精神性和我论当代新儒家哲学的文章。② 我自己也写了两本书论儒家哲学:一本论先秦与宋明,其中有一章作宋明理学概说,三章论朱子,另二章分论阳明与梨洲;另一本论现代新儒学,阐明了当代新儒家与宋明新儒学的关联。③

近年来英文百科全书都热衷找人撰写朱熹的条目,不只为了他在历史上的重要性,也为了他在当代的意义和相关性,我也经常有份参与,如《伦理学百科全书》《哲学家的伴侣》《中国哲学百科全书》等。④ 最新出版的世界哲学史系列《中国哲学史》,邀请我撰写

---

① 刘述先:《现代新儒学在英语世界》,收入吴光主编:《当代儒学的发展方向》,上海:汉语大词典出版社,2005年,第406—414页。

② Tu Weiming and Mary Evelyn Tucker, eds., *Confucian Spirituality*(New York: The Crossroad Pub. Co., 2003—2004), vol.2, Ch.19: "Zhu xi's Neo-Confucian Spirituality"(Wm. Theodore de Bary), Ch.31: "Contemporary Neo-Confucian Philosophy"(Shu-hsien Liu).

③ Shu-hsien Liu, *Understanding Confucian Philosophy: Classical and Sung-Ming*(Westport, CN & London: Greenwood Press, 1998); and *Essentials of Contemporary Neo-Confucian Philosophy*(Westport, CN & London: Praeger Publishers, 2003).

④ Shu-hsien Liu, "Chu Hsi," in *Encyclopedia of Ethics*, vol.1(New York & London: Garland Pub. Inc., 1993), pp.158—160; and "Chu Hsi," in *A Companion to the Philosophers*(Oxford: Blackwell Publishers, 1999), pp.48—52; and "Zhu Xi(Chu Hsi)," in *Encyclopedia of Chinese Philosophy*(New York and London: Routledge, 2003), pp.895—902. 后者是第一部英文的《中国哲学百科全书》,我撰写的"朱熹"是长达五千字的长条目。

了程朱与陆王两大章。①

至于朱子思想的当代意义以及相关性，此处未能申论。我一贯主张传统资源与负担一根而发，既有万古常新的成分，也有与时推移的成分，必须勇于创新。我只想提到近年来我极力参与推动全球伦理，在日益狭小的地球村，必须促进全球意识的觉醒，各宗教与精神传统均由草根层面支持人道原则以及不杀、不盗、不淫、不妄之禁令。我提议对新儒家"理一分殊"的睿见予以创造性的阐释，盼望能够"存异求同"，为人类与世界的永续开启无穷的希望。②

（原载《朱子学刊》第 19 辑，2010 年 6 月）

---

① Shu-hsien Liu, Ch. 12. "Neo-Confucianism（1）: From Cheng Yi to Zhu Xi" and Ch.13. "Neo-Confucianism（2）: From Lu Jiu-yuan to Wang Yang-ming," in *History of Chinese Philosophy*（London and New York: Routledge, 2009）, pp.365—428.
② 参见刘述先:《全球伦理与宗教对话》，台北：立绪文化，2001 年；简体字版，石家庄：河北人民出版社，2006 年。

论王阳明的最后定见

黄宗羲（梨洲，1610—1695）著《明儒学案》，这是一部极重要的论著，可以说是开创中国断代学术思想史的新典型，也是一部传世不朽的名著①。而他所以著录此书的原因乃是：

> 尝谓有明文章事功皆不及前代，独于理学，前代之所不及也：牛毛茧丝无不辨析，真能发先儒之所未发。②

梨洲对于明代儒学的发展有这样的看法："有明之学，至白沙始入精微，[……]至阳明（1472—1529）而后大。"③这一判断是完全切合事实情况的。毫无疑问，王学是明代儒学的骨干，无怪乎梨洲用了那么多篇幅讨论王门的分派问题。虽然梁启超说梨洲"少年便从刘蕺山（1578—1645）受学，终身奉为依归，所以清初王学不

---

① 《明儒学案》不只现在还在印行，坊间有各种不同的版本，近时更有节译的英文本出版，参见 Huang Tsung-hsi, *The Records of Ming Scholars: A Selected Translation*, edited by Julia Ching（Honolulu: University of Hawaii Press, 1987）。
② （清）黄宗羲：《明儒学案·发凡》，台北：华世出版社，1987年，第17页。
③ （清）黄宗羲：《白沙学案上》，《明儒学案》，卷五，第78页。

能不认他为嫡派"①，根本是个错误②；但他又说："梨洲不是王学的革命家，也不是王学的继承人，他是王学的修正者"③，这倒是切合实际的论断。

无论如何，王学是《明儒学案》的中心关注所在，这不在话下；而研究明代儒学者莫不由此书入手，我自己也不例外。由此可见，梨洲对于阳明思想的阐释有多么大的影响力！凡粗涉猎王学者，莫不知阳明思想经历前后三变，而梨洲对于此一历程的描写乃是：

> 先生之学，始泛滥于词章，继而遍读考亭之书，循序格物，顾物理吾心终判为二，无所得入。于是出入于佛、老久之。及至居夷处困，动心忍性，因念圣人处此更有何道，忽悟格物致知之旨，圣人之道，吾性自足，不假外求。其学凡三变而始得其门。自此以后，尽去枝叶，一意本原，以默坐澄心为学的。有未发之中，始能有发而中节之和，视听言动，大率以收敛为主，发散是不得已。江右以后，专提"致良知"三字，默不假坐，心不待澄，不习不虑，出之自有天则。盖良知即是未发之中，此知之前更无未发；良知即是中节之和，此知之后更无已发。此知自能收敛，不须更主于收敛；此知自能发散，不须更期于发散。收敛者，感之体，静而动也；发散者，寂之用，动而静也。知之真切笃实处即是行，行之明觉精察处即是知，无有

---

① 参见梁启超：《中国近三百年学术史》，北京：中国书店，1985年，第44页。
② 对于这一问题的讨论，参刘述先：《黄宗羲心学的定位》，台北：允晨出版社，1986年，第129页。
③ 梁启超：《中国近三百年学术史》，第46页。

二也。居越以后，所操益熟，所得益化，时时知是知非，时时无是无非，开口即得本心，更无假借凑泊，如赤日当空而万象毕照。是学成之后又有此三变也。①

这一段文字写得十分精彩，不是对王学有相当深切同情的理解，绝不可能写得出这样的文字。从来没有人对这一段文字提出任何问题，更不要说质疑了。哪知有一次我想引证这一段文字，《明儒学案》不在手边，我随手拿起一套《王阳明全书》，恰好有钱德洪（1497—1574）乙未年正月撰写的《刻文录叙说》，里面讲到阳明思想前后三变的文字如下：

> 先生之学凡三变，其为教也亦三变。少之时，驰骋于辞章；已而出入二氏；继乃居夷处困，豁然有得于圣贤之旨；是三变而至道也。居贵阳时，首与学者为知行合一之说；自滁阳后，多教学者静坐；江右以来，始单提"致良知"三字，直指本体，令学者言下有悟；是教亦三变也。②

我初时尚未措意，后来比读两段文字，才揭破了数百年来学者

---

① （清）黄宗羲《姚江学案》，《明儒学案》，卷十，第181页。
② 我用的本子是台北正中书局印行的四卷本，此文在第一册，第9—14页。乙未是嘉靖十四年，折算为西元1535年。阳明逝世于嘉靖七年十一月，折算西元为西元1529年正月十日。

由天泉证道这一公案可以看出，钱德洪所记通常最为可靠。他这里讲阳明"教亦三变"的说法也是可以采信的。牟宗三先生也认为阳明在悟后基本的思想义理骨干并无改变。参氏著：《王阳明学行简述》，《生命的学问》，台北：三民书局，1970年，第166—167页。但牟先生引《明儒学案》，也没有注意到梨洲的说法与钱德洪的说法有重大的差别。

从未留意到的一大秘密：如果绪山所说是阳明及门弟子所共同接受的看法，那么梨洲所说已经有了重大的改变①。首先，绪山只说"先生之学凡三变，其为教也亦三变"，也就是说，阳明在龙场顿悟体证良知之后，基本思想并没有改变，变的只是教法，而梨洲却说"是学成之后，又有此三变化"，在理解上已有滑转。而两种说法最重大的差别在：绪山以阳明教法由"知行合一"到"静坐"到"致良知"，这已经是最后的终教，再后面并没有另一个阶段；而梨洲却不提"知行合一"，改以"默坐澄心"（案：即"静坐"）为第一阶段，"致良知"为第二阶段，至于第三阶段则仅只是一高妙的圣贤境界的描写，对于阳明在圣学上的造诣固然推崇备至，在学理或教法上，则并没有确定的内容。在这里我要提出下列两个问题：

（一）为何数百年来由《明儒学案》出版以来从来没有学者注意到两种说法之间的巨大差别？

（二）为何梨洲要改写成为他那样子的方式，其真实含义究竟如何？

第一个问题只是要求对于这样一个奇特的现象作出合理的解释，并不很难作出解答。我想传统中国学者一向不注重概念的精确性，只是在脑海里留下一个笼统的印象而已！一旦阳明思想前后三变的说法深入人心，有这么个笼统的印象就足够了，谁也不会去逐字追究，深入探索里面隐涵的问题。我自己就是无心发现这一个重大的秘密的。

---

① 拙著《黄宗羲心学的定位》一书，已经注意到两段文字的差别蕴涵了重大的改变，参见该书第136—138页。但当时讨论问题的脉络不同，也还未充分体认到这一公案的重要性，故必须要在本文之内重加阐释，由另一角度将隐涵之思想问题加以彻底厘清。

对于第二个问题的解答则必须牵涉到对于阳明与梨洲思想的通盘了解,正好这是我的研究范围,在这里我愿意提出自己对问题的看法与见解。在我论黄宗羲一书中,相信已提出足够证据证明,梨洲著《明儒学案》所根据的,乃是蕺山思想的纲领①。蕺山对王学是下了工夫的,他有《阳明传信录》三卷,开始的小引曰:

> 暇日读阳明先生集,摘其要语,得三卷。[……]先生之学,始出词章,继逃佛老,终乃求之六经,而一变至道,世未有善学如先生者也。是谓学则。先生教人,吃紧在去人欲而存天理,进之以知行合一之说,其要归于致良知,虽累千百言,不出此三言为转注,凡以使学者截去□,绕寻向上去而已,世未有善教如先生者也。是谓教法。而先生之言良知也,近本之孔孟之说,远溯之精一之传,盖自程朱一线中绝,而后补偏救弊,契圣归宗,未有若先生之深切著明者也。是谓宗旨。则后之学先生者从可知已,不学其所悟,而学其所悔,舍天理而求良知,阴以叛孔孟之道而不顾,又其弊也。说知说行,先后两截;言悟言参,转增学虑;吾不知于先生之学为何如。间尝求其故而不得意者,先生因病立方,时时权实互用,后人不得其解,未免转增离歧乎。宗周因于手抄之余,有可以发明先生之蕴者,僭存一二,管窥以质所疑,冀得借手以就正于有道,庶几有善学先生者出,而先生之道传之久而无弊也。因题之曰传信云。②

---

① 刘述先:《黄宗羲心学的定位》,第1—29页。
② (明)刘宗周:《刘子全书及遗编》下,京都:中文出版社,1981年,第1119页。

蕺山斥王门后学"舍天理而求良知",用词严峻,未免过苛,然由这一段话看来,蕺山所据与绪山所言无异,由学而教,致良知无疑为阳明学之精粹。然而问题出在,由蕺山看来,阳明后学却背离了王学的精神,甚至"阴以叛孔孟之道而不顾",这的确是极其严重的情况,吊诡的是,阳明本人虽倡知行合一之旨,王学者在实际上却知行分离。甚至阳明本人也要负上部分责任,因他每每"因病立方,时时权实互用,后人不得其解,未免转增离歧乎"!蕺山因此下定决心要救王学之弊,后来乃放弃致良知教,在朱子、阳明之外另觅蹊径,重释《大学》,归显于密,改倡"诚意慎独"之教,自成一条思路①。梨洲思想虽不能完全为蕺山思想所范围,但这一条思路由他传了下去却是无可置疑之事实。蕺山此书于康熙时刻出,梨洲门人陈奕昌为之作《跋》曰:

> 《阳明传信录》三卷,蕺山子刘子手定。吾师梨洲先生《学案》百卷,此其一也。有明之学白沙开其端,至阳明而闻性道之蕴。今日学脉嗣续而不绝者,伊谁之力欤?阳明其人也!于殁后其门下持论不无过高,即教法四句已不能归一,故其后流弊,以情识为良知,以想象为本体,由择焉而不精也。子刘子悉加辨正,名之曰传信,所谓澄源端本,学者庶几无他歧之惑矣。②

由此可见,梨洲《明儒学案》之《姚江学案》是以《阳明传信录》为底本,而由蕺山到梨洲以至其门人,对王学有一定的看法。

---

① 参见牟宗三:《从陆象山到刘蕺山》,台北:台湾学生书局,1978年,第451—541页。
② (明)刘宗周:《刘子全书及遗编》下,第1157页。

蕺山批王门后学之流弊曰：

> 今天下争言良知矣。及其弊也，猖狂者参之以情识，而一是皆良；超洁者荡之以玄虚，而夷良于贼。①

很明显，由蕺山的观点来看，泰州派是"参之以情识"，末流驯至以满街皆圣人；浙中王畿（龙溪，1498—1583）是"荡之以玄虚"，不免流于佛老。蕺山之学乃乘王学之流弊而起。而梨洲对于两派有十分传神的描写与恰中肯綮的评断：

> 阳明先生之学，有泰州、龙溪而风行天下，亦因泰州、龙溪而渐失其传。泰州、龙溪时时不满其师说，益启瞿昙之秘而归之于师，盖跻阳明而为禅矣。然龙溪之后，力量无过于龙溪者，又得江右为之救正，故不至十分决裂。泰州之后，其人多能以赤手搏龙蛇。传至颜山农、何心隐一派，遂复非名教所能羁络矣。②

依梨洲之见，王学末流之弊乃由误解师说而起，然阳明本人也要负上部分责任，梨洲曾在《子刘子行状》内总括蕺山对阳明的批评，其言曰：

> 先生以谓新建之流弊，亦新建之择焉而不精、语焉而不详有以启之也。其驳《天泉证道记》曰："新建言无善无恶者心之体，有善有恶者意之动，知善知恶是良知，为善去恶是格物。如心体果是无善无恶，则有善有恶之意，又从何处来？知善知

---

① （明）刘宗周：《刘子全书及遗编·证学杂解》，解二十五，第113页。
② （清）黄宗羲：《泰州学案一》，《明儒学案》，卷三十二，第703页。

恶之知，又从何处起？为善去恶之功，又从何处用？无乃语语绝流断港乎？"其驳良知说曰："知善知恶，从有善有恶而言者也。因有善有恶，而后知善知恶，是知为意奴也，良在何处？又反无善无恶而言者也。本无善无恶，而又知善知恶，是知为心祟也，良在何处？止因新建将意字认坏，故不得不进而求良于知，仍将知字认粗，故不得不进而求精于心，非《大学》本旨，明矣。"盖先生于新建凡三变：始而疑，中而信，终而辨难不遗余力，而新建之旨复显。①

梨洲的最后一句话最有意思，也就是说，晚年的蕺山对于阳明的致良知教是不能接受的，并且辨难不遗余力，但用这样的方式，反而能够使阳明的精神复显。这样看来，由蕺山到梨洲这一条线索并没有以阳明为禅，但指出阳明后学之所以产生这样的误解，而引致严重的后果，是由于阳明"择焉而不精，语焉而不详"的缘故。有趣的是，正好像阳明不接受陆学之徒对朱子之指控：因其肯定濂溪的《太极图说》而以之为老子之追随者，却反对朱子对《大学》的解释②，蕺山也不接受世人以阳明为禅的指控，而反对阳明对《大学》的解释。蕺山所走的路不似象山之直指本心，而是像阳明那样，通过自己的体证，对于古典采取了自己坚信为正确的阐释，根据《学》《庸》，建立了他的"诚意慎独"教。梨洲继承蕺山以之为终教，

---

① （清）黄宗羲撰，沈善洪主编：《黄宗羲全集》，第一册，杭州：浙江古籍出版社，1985年，第253—254页。
② 参见刘述先：《论阳明哲学之朱子思想渊源》，收入《朱子哲学思想的发展与完成》，增订三版，台北：台湾学生书局，1995年，第566—598页。

企图以之代替阳明的致良知教。由此可见,梨洲著录《明儒学案》是为蕺山继承道统之作,最后以《蕺山学案》压卷竟曰:

> 识者谓五星聚奎,濂、洛、关、闽出焉;五星聚室,阳明子之说昌;五星聚张,子刘子之道通,岂非天哉!岂非天哉![①]

这简直是情见乎辞了。有了这样的背景的了解,我们就不难为前面所提出的第二个问题作出解答。由梨洲的观点看,致良知教不能是终法,而他又不愿意贬抑阳明,故他把致良知教移前,成为学成以后之第二变。他虽在第三变的描述中极力推崇阳明的修养工夫已达化境,但阳明的教法则被认为是因病立方,权实互用,以致引生误解,导致严重不良后果。最后的终教自不能在阳明那里找,只能归之于蕺山之教,此所以梨洲必须煞费苦心改写阳明思想前后三变之故。正由于他的文字用得巧妙,中国人在概念思考层面上又不求甚解,以致这一秘密要到数百年后才被侦破,又不能不说是个异数!

然而梨洲之说虽有一条理路,其对阳明思想之阐释却因透过其刻意之改变而不反映客观真实的情况,那么阳明的最后定见究竟是什么呢?这不能不回返到对于阳明四句教的争论之上[②]。所谓四句教出于阳明逝世之前一年(时年五十六岁)出征思田将命行时,门人侍坐天泉桥,阳明为了解惑,对于自己思想作出的总结,俗称《天泉证道记》,同见于《传习录·下》与《年谱》,内容大同小异,皆钱德洪所录,现引《传习录》所记如下:

---

① (清)黄宗羲:《蕺山学案》,《明儒学案》,卷六十二,第1512页。
② 对于四句教的争论我曾作过详细的论析,参见《黄宗羲心学的定位》,第35—60页。

丁亥年九月，先生起复征思田，将命行时德洪与汝中（龙溪）论学。汝中举先生教言曰："无善无恶是心之体，有善有恶是意之动，知善知恶是良知，为善去恶是格物。"德洪曰："此意云何？"汝中曰："此恐未是究竟话头，若说心体是无善无恶，意亦是无善无恶的意，知亦是无善无恶的知，物是无善无恶的物矣！若说意有善恶，毕竟心体还有善恶在。"德洪曰："心体是天命之性，原是无善无恶的，但人有习心，意念上见有善恶在，格致诚正修，此正是复那性体功夫。若原无善恶，功夫亦不消说矣。"是夕侍坐天泉桥，各举请正。先生曰："我今将行，还要你们来讲破此意。二君之见正好相资为用，不可各执一边。我这里接人，原有此二种。利根之人直从本源上悟入。人心本体原是明莹无滞的，原是个未发之中。利根之人一悟本体，即是功夫，人己内外一齐俱透了。其次不免有习心在，本体受蔽，故且教在意念上实落为善去恶功夫，熟后渣滓去得尽时，本体亦明尽了。汝中之见是我这里接利根人的，德洪之见是我这里为其次立法的。二君相取为用，则中人上下皆可引入于道。若各执一边，眼前便有失人，便于道体各有未尽。"既而曰："以后与朋友讲学，切不可失了我的宗旨。无善无恶是心之体，有善有恶是意之动，知善知恶的是良知，为善去恶是格物。只依我这话头，随人指点，自没病痛。此原是彻上彻下功夫。利根之人世亦难遇，本体功夫一悟尽透，此颜子明道所不敢承当，岂可轻易望人。人有习心，不教他在良知上实用为善去恶功夫，只去悬空想个本体，一切事为俱不着实，不过养成一个虚寂，此个病痛不是小小，不可不早说破。"是日德洪、汝中俱有省。

《传习录》一向是研究王阳明思想最重要的文献，《年谱》虽由钱德洪总其成，但曾经众同门过目，王畿并为之作《序》，其权威性自不容置疑。如此《天泉证道记》所言即阳明最后定见，根本不是一个问题，那么问题究竟出在什么地方呢？

原来阳明殁后，龙溪另著《天泉证道记》，对四句教作了一篇翻案文章，这才开启了日后的争端，其言曰：

> 夫子立教随时，谓之权法，未可执定。体用显微只是一机，心意知物只是一事。若悟得心是无善无恶之心，意即是无善无恶之意，知即是无善无恶之知，物即是无善无恶之物。盖无心之心则藏密，无意之意则应圆，无知之知则体寂，无物之物则用神。天命之性粹然至善，神感神应，其机自不容已，无善可名，恶固本无，善亦不可得而有也。是谓无善无恶。若有善有恶，则意动于物，非自然之流行，著于有矣。自性流行者，动而无动；著于有者，动而动也。意是心之所发。若是有善有恶之意，则知与物一齐皆有，心亦不可谓之无矣。①

而龙溪记载阳明对于四有四无之会通曰：

> 吾教法原有此两种。四无之说为上根人立教，四有之说为中根以下人立教。上根之人悟得无善无恶心体，便从无处立根基。意与知物皆从无生，一了百当，即本体便是工夫。易简直截，更无剩欠，顿悟之学也。中根以下之人未尝悟得本体，未

---

① （明）王畿：《王龙溪语录》，卷一，台北：广文书局，1960年，第1—2页。

免在有善有恶上立根基，心与知物皆从有生，须用为善去恶工夫，随处对治，使之渐渐入悟，从有以归于无，复返本体，及其成功一也。①

龙溪之说很明显地背离了阳明之宗旨。四句为阳明最后定见，不落顿（汝中）渐（德洪）两边，并再三告诫龙溪，谓利根之人世亦难遇，此颜子明道所不敢承当，岂可轻易望人。龙溪对阳明的告诫置若罔闻，乃师殁后，不只回返到他自己原先的立场，反而变本加厉，把四句教当作权法，开启了日后无尽的争端。他又大讲"四无""四有"之旨，这是以往阳明本人从未用过的词语。如此他谈无说有，讲顿论渐，不只杂入了老佛之说，事实上也的确有了难以卫护的荡越与滑转。但里面牵涉到的问题十分复杂精微，需要细心分析，始能得其旨要。所谓"四有"，是指心意知物四者皆有，虽则心之本然相状乃是无善无恶，至善是不能以善恶来形容的，但表现出来以后已是有善有恶，著于有矣。若真能体悟本心，则必进至四无之境。龙溪这样的体悟决非没有根据，故阳明也加以首肯，许之以为上根人立法之途径，然而不想阳明这种说法却益增龙溪之自信，乃以之为终法。在阳明殁后，乃根本否定阳明本人以四句教为不落两边彻上彻下语的教诲而以之为权法，这才造成了荡越。有了这样的了解为背景，才会明白，真正出问题的不是四无之旨本身，而是在如何给予它适当定位的过程中出了差错而构成了问题。此所以牟宗三

---

① （明）王畿：《王龙溪语录》，卷一，台北：广文书局，1960年，第1—2页。

先生曾经加以首肯说"究竟圆教乃在王龙溪所提出之'四无'"①，儒家的道德的形而上学应该可以发展出此一义。然而形上实属无言之境，无谓多说，龙溪罔顾阳明之告诫，大张四无之旨，立构成一偏向。而立言不够善巧，思想也不够明澈，恰如牟先生所说："王龙溪那些闪烁模棱的话头，因思之不审，措辞之疏阔不尽与不谛，故多有荡越处，而招致人之讥议。"②牟先生所作的疏解乃是创造性的阐释，决非龙溪本人可以达到的程度，譬如他竟谓："上根之人悟得无善无恶心体，便从'无'处立根基。"阳明一生从来没有作过如此缺乏分晓的论断，这便是龙溪所作不可原谅的荡越语之一例，令人首先联想到的便是老氏"有生于无"的论旨。龙溪一生好为三教和会之论，曾作三间屋的比喻，精神上的开放不无可取之处，但强调的是通于三教的共法，如四无之说即然，却无法突显出儒家"生生而创造"之旨。他因受到禅宗的影响而扬顿抑渐，轻视渐修的实际工夫，好言见成良知，与泰州派合流，乃江河日下，产生严重的后果。牟先生说：

> 顺王龙溪之风格，可以引至"虚玄而荡"，顺罗近溪之风格（严格言之，当说顺泰州派之风格），可误引至"情识而肆"。然这是人病，并非法病。③

这恐未必尽然。泰州龙溪之流弊实源于其指导原则背离了阳明的最后定见而偏向一边，不能不说是法病，而不止于人病。蕺山

---

① 牟宗三：《圆善论》，台北：台湾学生书局，1985年，第316页。
② 牟宗三：《从陆象山到刘蕺山》，第281页。
③ 同上书，第297—298页。

之学乃乘王学之弊而起，在理论上的主要对手是龙溪，每每采取与龙溪正相反对之立场。蕺山《阳明传信录》最后一节即《王畿记》，对于四句教的争论有以下的评论：

> 先生（阳明）每言至善是心之本体，又曰至善只是尽乎天理之极，而无一毫人欲之私，又曰良知即天理，（传习）录中言天理二字不一而足，有时说无善无恶者理之静，亦未曾经说无善无恶是心体。若心体果是无善无恶，则有善有恶之意又从何处来？知善知恶之知又从何处来？为善去恶之功又从何处来？无乃语语绝流断港。快哉四无之论，先生当于何处作答？却又有上根下根之说，谓教上根人只在心上用工夫，下根人只在意上用工夫，又岂《大学》八目一贯之旨？又曰其次且教在意念上着实用为善去恶工夫，久之心体自明。蒙（蕺山）谓才著念时便非本体，人若只在念起念灭上用工夫，一世合不上本体了，正所谓南辕而北辙也。先生解《大学》于意字原看不清楚，所以于四条目处未免架屋叠床。至此及门之士一再摹之，益失本色矣。先生他日有言曰："心意知物只是一事，此是定论。既是一事，决不是一事皆无。"蒙因为龙溪易一字曰："心是有善无恶之心，则意亦是有善无恶之意，知亦是有善无恶之知，物亦是有善无恶之物。不知先生首肯否？"或曰："如何定要说个有善无恶？"曰："《大学》只说致知，如何先生定要说个致良知，多这良字？"其人默然。学术所关，不敢不辩。①

---

① （明）刘宗周：《刘子全书及遗编》，第1156—1157页。《明儒学案·姚江学案》收尾即引了这一段评论。

梨洲《明儒学案》师说又引蕺山论王龙溪（畿）曰：

愚按：四句教法考之阳明集中，并不经见，其说乃出于龙溪。则阳明未定之见，平日间尝有是言，而未敢笔之于书，以滋学者之惑。至龙溪先生始云：四有之说猥犯支离，势必进至四无而后快，既无善恶，又何有心意知物？终必进之无心、无意、无知、无物而后元。如此，则致良知三字，著在何处？先生独悟其所谓无者，以为教外之别传，而实亦并无是无。有无不立，善恶双泯，任一点虚灵知觉之气纵横自在，头头明显，不离著于一处，几何不蹈佛氏之坑堑也哉！夫佛氏遗世累，专理会生死一事，无恶可去，并无善可为，止余真实性地，以显真觉，从此悟入，是为宗门。若吾儒日在世法中求性命，吾欲薰染，头出头没，于是而言无善恶，适为济恶之津梁耳。先生孜孜学道八十年，犹未讨归宿，不免沿门持钵。习心习境，密制其命，此时是善是恶？只口中劳劳，行脚不脱在家窠臼，孤负一生，无处根基，惜哉！王门有心斋、龙溪，学皆尊悟，世称二王。心斋言悟虽超旷，不离师门宗旨。至龙溪，直把良知作佛性看，悬空期个悟，终成玩弄光景，虽谓之操戈入室可也。

正如蕺山此说，龙溪崇尚超旷，结果活了八十多岁，一生劳碌，到处宣讲，却无处根基——语带双关，可谓谑矣！龙溪固然有所荡越，不免自取其咎。但他虽取法禅宗，扬顿抑渐，在儒佛之间有欠分疏，然蕺山乃直斥以为禅，过矣！四无之旨本身并无背阳明宗旨，蕺山乃疑四句教之真实性，是有欠考虑的。不想天泉证道一事见于《传习录》与《年谱》，并非龙溪一人私言，蕺山想一笔加以抹煞，理据至为薄弱，不可采信。只有到龙溪撰《天泉证道记》以后，把事实加以扭曲，大做翻案文章，这才是问题症结之所在！而蕺山却未能抓紧论点加以穷追猛打，轻重颠倒，以致坐失良机，不免得不偿失。但在与龙溪之对反之中，蕺山却发展出了一条超出王学藩篱的独特思路，成为明代儒学最后一位有原创性的思想家，则又不能不说是意外的收获。事实上四句教的确是阳明最后定见，绝无可疑。但四有、四无的说法则是龙溪所创，不见于阳明的文集与语录。大概龙溪为了一贯，体悟到既然心意知物乃是一事，乃进一步倡四无之旨，以四有为权法。而蕺山为了对治龙溪之荡越，也同样为了一贯，乃给与四有以一种新的创造性的诠释，根本不许说无善无恶心之体，而只许说有善无恶心之体。这又造成了另一偏向，虽然也可以成一思路，却偏离了阳明在天泉证道时煞费苦心想要维持住的中道。其实阳明的四句教，从一个意义下说，不只是对他自己思想之一总结，也是对宋明理学之一总结。近年来我把"两行之理"的观念用于儒家思想的阐释之上①。盖"超越"（形上层）为一行，"内在"（经验层）为一行，必兼顾两行，道通为一，始能把握宋明理学畅发之奥旨。由周濂溪起，其《通书》首先建立所谓"寂感模式"，将《易传》之"寂然不动，感而遂通"了解成为"诚体"与"神用"，超越与内在互相依存，打成一片，才能畅发大《易》生生之旨②。张载《正蒙·参两篇》乃谓："一故神（两在故不测），两故化（推行于

---

① 参见刘述先：《"两行之理"与安身立命》，收入《理想与现实的纠结》，台北：台湾学生书局，1993年，第189—239页。
② 参见牟宗三：《心体与性体》，第一册，台北：正中书局，1967年，第333页。

一），此天之所以参也。"① 超越之体为一，虚而无形，神妙而不可测，表现成为宇宙之化，就得靠阴阳二气，借伊州语可谓"体用一源，显微无间"，于此而可见刚健天道之流行。阳明思想属于同一统绪，心体无善无恶属超越面，意知物善恶分明属内在面，两面互相融贯，并无矛盾冲突可言。两面兼顾，始能把握创生不已之中道，奈何龙溪必定要偏向超越面，而蕺山为了对治龙溪之荡越，乃必定要偏向内在面。在功夫论上也是一样，龙溪乃谓"即本体便是工夫"，蕺山则反其道而行，到梨洲《明儒学案・序》乃宣称："心无本体，工夫所至，即其本体。"如阳明在世，必谓二者必须相资为用。有趣的是，蕺山处处与龙溪对反，偏有一处二者若合符节：即不接受四句教为终法。故梨洲虽不能否定四句教为事实，却釜底抽薪，减轻其分量，遂将致良知教变为权法。这解释了梨洲何以要改写阳明思想前后三变的真正原因。这也说明了《明儒学案》背后所根据的理论原则的偏向，也才明白梨洲何以对于王门分派会有"姚江之学惟江右为得其传"的论断。

在聂豹（双江，1487—1563）与龙溪的辩论中，梨洲明显地偏祖双江，这是因为双江自悟的归寂之说与蕺山静存之教有一表面之相合所致。有关"致知议辩"，牟宗三先生曾详加疏释，证明龙溪所论处处合乎师说，而双江自悟之思路实非王学，此处不赘②。但这次重温两造辩论资料，也有一些意外收获，可以一志。牟宗三先生以蕺山思想为"归显于密"，即"将心学之显教归于慎独之密教是

---

① 参见牟宗三：《心体与性体》，第一册，台北：正中书局，1967年，第452页。
② 牟宗三：《从陆象山到刘蕺山》，第313—395页。

也"①。蕺山由良知往内收摄一步,所谓"意根最微,诚体本天",判之为密教是没有问题的。但牟先生谓凡心学皆显教:

> 良知为一圆莹之纯动用,而无所谓隐曲者,此即所谓"显",其随机流行,如珠走盘,而无方所,然而又能泛应曲当,而无滞碍,此即所谓圆而神,而亦是"显"义也。[……]但人亦有感性之杂,[……]得无情识之杂乎?混情识为良知而不自觉者多矣。此即所谓"猖狂者参之以情识,而一是皆良"也。此流弊大体见之于泰州派。至于专讲那圆而神以为本体,而不知切于人伦日用,通过笃行,以成己成物,则乃所谓"超洁者荡之以玄虚,而夷良于贼"也。此流弊大抵是顺王龙溪而来。然流弊自是流弊,教法自是教法。[……]若真能依四句教从事"致良知"之笃行工夫,则亦可无此流弊。猖狂者自是猖狂,混杂者自是混杂,何与于良知教耶?故云是人病,非法病也。②

牟先生对良知教这样的说法是我可以同意的。王门后学之荡越,阳明因教法不一,又因用语未莹,如讲"利根人"一类的说法,以致引起王门分派议论不一,也要负上部分责任。然致良知教本身光明正大,顿悟渐修两边兼顾,本质上无问题,故云是人病,而非法病。但这样的说法并不适用于龙溪,以其有了荡越,指导原则已经有了偏差,故不能仅谓之为人病,也有法病。龙溪之睿见必须通过创造性之阐释始能归之于正,这是牟先生所明白体悟到的道理。

---

① 牟宗三:《从陆象山到刘蕺山》,第453页。
② 同上书,第451—452页。

至于谓良知教为显教，好像理所当然，不须多说。然牟先生的解释由圆教之旨立论，似乎陈义过高，难以凑泊。这次我重温龙溪与双江的辩论，无意中找到了一条定良知教为显教的线索，在此一志，应当可以收到进一步解惑的作用。

阳明体悟中和，所论莫善于《答陆原静书》（甲申，阳明五十三岁时），其言曰：

> 未发之中，即良知也，无前后内外而浑然一体者也。有事无事，可以言动静，而良知无分于有事无事也，寂然感通，可以言动静，而良知无分于寂然感通也。动静者所遇之时，心之本体固无分于动静也。[……]未发在已发之中，而已发之中未尝别有未发者在，已发在未发之中，而未发之中未尝别有已发者存。是未尝无动静，而不可以动静分者也。[……]所谓动静无端，阴阳无始，在知道者默而识之，非可以言语穷也。[……]知此，则知未发之中，寂然不动之体，而有发而中节之和，感而遂通之妙矣。然谓良知常若居于优闲无事之地，语尚有病。盖良知虽不滞于喜怒忧惧，而喜怒忧惧亦不外于良知也。①

正因为阳明本人有内在一元论之倾向，故未发已发、寂感动静、致中致和都打成一片，无须强分内外先后，这是王门弟子之共识，只有与师门渊源不深的双江独特异议，故当时与双江辩论的并不只是龙溪一人，实际上包括江右主要人物如邹东廓、欧阳南野在内差

---

① （明）王守仁撰，陈荣捷集注：《传习录·中》，台北：台湾学生书局，1983年，第220页。

不多所有的及门弟子都对双江群起而攻。梨洲述欧阳南野学有曰：

> 先生之所谓良知，以知是知非之独知为据，其体无时不发，非未感之前别有未发之时。所谓未发者，盖即喜怒哀乐之发，而指其有未发者，是已发未发，与费隐微显通为一义。当时同门之言良知者，虽有浅深详略之不同，而绪山、龙溪、东廓、（黄）洛村、（陈）明水皆守"已发未发非有二候，致和即所以致中"。独聂双江以"归寂为宗，工夫在于致中，而和即应之"。故同门环起难端，双江往复良苦。微念庵，则双江自伤其孤另矣。①

阳明非泥书册者，"已发未发非有二候，致和即所以致中"乃王门高第直承自姚江之教，根本无争辩之余地。梨洲虽曲为之辩，偏袒双江，亦丝毫不能改变当时事实之情况。阳明之教自不必合于《中庸》原义：未发之中确先于已发之和。但阳明既通贯未发已发，就无谓在此强分先后。在修养工夫上，乃可以即已发指未发，甚至致和即可以致中。既然他做工夫的出发点就在"已发"，其为"显"教明矣！这样的入路乃适与双江"归寂"、蕺山"静存"之"密"教成为对比。我们由工夫论的视域区分显密，比起牟先生由形上学的视域立论，应该容易了解多了。

有关王阳明的最后定见，若放在"道统"的间架下来考察，理论效果就会显得格外分明。如所周知，朱子建立道统，把生时无籍籍名的濂溪标举出来，成为宋明理学的开山人物。象山直承孟子，反对朱子推崇濂溪的《太极图说》。但后世所接受的是朱子的统绪，

---

① （清）黄宗羲：《江右王门学案二》，《明儒学案》，卷十七，第361页。

这在阳明也不例外。我曾为文论阳明哲学之朱子思想渊源[①]，指出尽管世称陆王，其精神虽继承象山，提出的问题如"格致"，却莫不是由朱学转手而来，而且阳明在意识上始终把朱、陆平看，不愿偏向一边，这由他《答周道通书》(《传习录·中》) 可以看得出来。而且他走的不是象山那种直截的道路，并在答陈九川时批象山之学"粗些"(《传习录·下》)。他继承的恰正是濂溪以降通过《易》《庸》建立学问的主流的道路。重构阳明道统的线索，先秦是孔子、颜、曾、思、孟，宋明特别标举出来的是濂溪、明道[②]，虽表彰朱、陆并世大贤，然以其各得一偏，乃加以旁置。他这一条线索也为蕺山所继承，故极赞濂溪、明道。他主"静存"，即是李延平所谓"默坐澄心"之一变相，也正是梨洲案语所谓："罗豫章静坐看未发气象，此是明道以来下及延平一条血路也。"[③]蕺山之于阳明多少有点像阳明之于朱子：阳明编《朱子晚年定论》，认为他自己的学问虽与世传朱子之学牴牾，但精神上却是相通的；梨洲记蕺山对阳明的态度也谓"终而辨难不遗余力，而新建之旨复显"，岂不是同一形态的感受！然而蕺山之学因针对王学之流弊而摆往另一偏向去，恰好正是"因病立方"所产生的不平衡的效果。其实阳明四句教所宣泄的最后定见，若得善解，才真正是秉持中道，"允执厥中"，不落一边。

[①] 参刘述先:《论阳明哲学之朱子思想的渊源》，收入《朱子哲学思想的发展与完成》，增订三版，台北:台湾学生书局，1995年，第566—598页。

[②] 阳明刻《朱子晚年定论》，其《序言》开宗明义便说："洙泗之传至孟氏而息，千五百余年，濂溪、明道始复追寻其绪。自后辨析日详，然亦日就支离决裂，旋复湮晦。"见（明）王守仁:《王阳明全书》，第一册，台北:正中书局，1959年，第107页。

[③] （清）黄宗羲:《豫章学案》，《宋元学案》，卷三十九，杭州:浙江古籍出版社，1992年，第567页。

不幸的是，王学经龙溪、泰州之曲解而摆向一偏，刘学为了校正其偏失，却又摆向另一偏。哪知时代既背弃了王学末流之荡越，却在同时对于刘学之校正也不再关心。梨洲成为继承宋明理学统绪之殿军，不经意地下开了乾嘉考证转趋经学之新典范。这真可以说是历史之吊诡[①]！

最后略谈阳明学之现代意识。宋明理学在清代销声匿迹，并不表示这一门学问已丧失生命力，故到20世纪乃有当代新儒学之兴起。阳明以人之良知与天之良知不殊，其思想有一极为明显之超越层面。但其后内在一元之倾向加剧，蕺山之后，到陈确（1604—1677）、戴震（1723—1777），超越之线索乃完全脱落。而当代新儒学之一大贡献即在恢复这一条线索，重新发现儒学之宗教意涵，并给予全新的阐释[②]。在抗战时期，冯友兰发展新理学，把朱子的理解释成为新实在论所谓潜存之共相，其思想虽新颖，却根本忽视心性论，实未能善继宋明理学之传统[③]。贺麟则首先自觉地提倡"新儒学"，并预言陆王心学之复兴，这样的识断大体上是不错的[④]。嗣后由熊十力所开启，为唐君毅、牟宗三、徐复观所继承并发扬光大的

---

① 参见刘述先：《论黄宗羲在思想史上的贡献与地位》，《黄宗羲心学的定位》，第159—199页。
② 参见刘述先：《由当代西方宗教思想如何面对现代化问题的角度论儒家传统的宗教意涵》，收入《当代中国哲学论：问题篇》，新泽西：八方文化企业公司，1996年，第81—112页。
③ 参见拙作论冯友兰诸文，收入刘述先：《当代中国哲学论：人物篇》，新泽西：八方文化企业公司，1996年，第111—140页。
④ 参见郑家栋：《现代新儒学概论》，南宁：广西人民出版社，1990年，第5页；贺麟著：《儒家思想的新开展》，原刊于《思想与时代》第1期（1941年8月1日）。

港、台海外新儒家的线索，确以陆王心学为最重要的精神泉源。由今日观点看，阳明固然还有一些滞辞，然而他的开放的襟怀、富创造性的思想，其为当代新儒学背后之主要动力，绝非偶然现象，乃是可以断言的。

后 记

感谢杨祖汉教授指出，梨洲这一段文字是根据龙溪《滁阳会语》①写成的。文字大体采自龙溪，由梨洲剪裁修润而成。但龙溪只说："凡三变而始入于悟，再变而所得始化。"龙溪相当详细地讲述了阳明悟后的变化，但并未划分阶段。照他的说法，阳明先是"尽去枝叶，一意本原，以默坐澄心为学的，亦复以此立教"。后来"先师亦稍觉其教之有偏，故自滁留以后，乃为动静合一工夫本体之说以救之。[……] 自江右以后则专提致良知三字，默不假坐，心不待澄，不习不虑，益然出之，自有天则，乃是孔门易简直识根源"。"逮居越以后，所操益熟，所得益化，信而从者益众，时时知是知非，时时无是无非，开口即得本心，更无假借凑泊，如赤日当空而万象自照"。这说明梨洲的文字确有所本，表面上看他把"默坐澄心""致良知""赤日当空而万象毕照"当作三个阶段看待，似乎也不是不合理的做法。然而"学成之后三变"的确是梨洲自创的说法，不见于《滁阳会语》，而这是一个最具有关键重要性的转变。由龙溪的语脉

---

① （明）王畿：《王龙溪语录》，卷二，台北：广文书局，1960年，第5—7页。

看来，他只是说阳明之"教"有了变化，这并未违反当时王门弟子共许的说法。而且他的演讲预设了阳明的良知教，只是他的思想一贯以"四无"为终法。他直承阳明殁后有关良知的理解已不能归一，他自己的理解是："良知原是无中生有，无知而无不知，致良知工夫原为未悟者设，为有欲者设，虚寂原是良知之体，明觉原是良知之用，体用一原，原无先后之分。"在天泉证道时，阳明虽接纳龙溪四无之旨而加以首肯，并指明其偏向，但龙溪此处用词显有不妥之处，阳明决不会说"良知原是无中生有"。龙溪又谓"致良知工夫原为未悟者设，为有欲者设"，这开启了以"致良知工夫"为"权法"的主张与联想。梨洲因受蕺山晚年态度影响，对于阳明的造诣可谓推崇备至。他对龙溪也未全盘抹煞，乃谓"文成之后，不能无龙溪"①，但梨洲从来不满意由龙溪所传布的良知教，先则引《师说》，谓"至龙溪直把良知作佛性看，悬空期个悟，终成玩弄光景，虽谓之操戈入室可也"。他自己在《泰州学案》也说："泰州龙溪时时不满其师说，益启瞿昙之秘而归之师，盖跻阳明而为禅矣。"明明梨洲不信任龙溪对阳明良知教的解释，但他写《姚江学案》追溯阳明思想的变化，偏偏采用龙溪之说为底本，其必有某种特殊用意在背后，几可不言而喻矣！这样，他把龙溪平铺直叙的讲述分为三阶段，自创阳明"学成之后三变"之说，二三百年来从未受到学者质疑，堪称异数！1997年8月12日我在京都举行的"国际阳明会议"宣读本文，并没有学者对我的论旨提出异议，但我心中始终有一种不安的感觉。所幸在文章发表之前，长久被漠视的龙溪《滁阳会语》与梨

---

① 见（清）黄宗羲：《浙中王门学案二》，《明儒学案》，卷十二，第240页。

洲"学成之后三变"的说法之间的关联也适时曝光，不只没有否定我的推想，反而更进一步地证实了我的论旨，去除了我心中的疑虑。这是令我感到欣慰的。

（宣读于1997年8月11—13日在京都举行之国际阳明学会议，由将来世代总合研究所支持；原载《"中央研究院"中国文哲研究集刊》第十一期，1997年9月）

黄宗羲心学的定位重探

一、引　语

1985年末浙江古籍出版社出版了《黄宗羲全集》第一册，集中了他的哲学思想著作。1986年我由香港中文大学休假，到新加坡东亚哲学所做研究，撰成《黄宗羲心学的定位》一书，全集的执行主编吴光教授誉为宗羲哲学思想研究的拓荒之作。[①] 此书特色是用"倒溯"的方法，由黄宗羲（梨洲）到刘宗周（蕺山）、王守仁（阳明），上溯朱熹（元晦），由此比较性的研究确定其哲学思想的定位。此书初版在台由允晨出版，印数不多，很快绝版。2005年《黄宗羲全集》出增订新版，拙著也乘机出增订新版，内容大致完备。二十年来我的基本思路并没有变，但概念表达更精准。近年来对黄宗羲的研究有长足进展，如大陆资深学者方祖猷教授出《黄宗羲长传》[②]，当代新儒家后劲陈荣灼君对蕺山、梨洲的气论有新解，足资启发。但未动摇拙著根本，因为是文加以澄清。

[①] 刘述先：《黄宗羲心学的定位》，台北：允晨，1986年。吴光：《新版序》，见《黄宗羲心学的定位》，增订、简体字版，杭州：浙江古籍出版社，2006年，第1—3页。我引述的《黄宗羲全集》于1985年出第一册，共十二册，1994年出齐。

[②] 方祖猷：《黄宗羲长传》，杭州：浙江大学出版社，2011年。

二、黄宗羲生平的分期

我对宋明理学的研究直承牟宗三先生，而我接着牟先生讲，与他最大的不同在，他担承道统，突出儒家的理境，而我推动世界精神传统的对话，兼顾思想史的视域。吴光教授指出我的《黄宗羲心学的定位》一书：

> 其最重要的结论也是梨洲哲学思想研究中的最新创见，则是突破港台新儒学大师牟宗三先生贬抑梨洲哲学地位的限制，指出梨洲"受蕺山思想的影响最深，大体以师说的判准去简择阳明的思想，批评朱子的哲学，而把周、张、二程当作宋明儒学的共同渊源"，进而将黄宗羲定位为阳明心学的殿军，清代实学的开端："梨洲在一种非预期的情况之下结束了一个时代，成为宋明心性之学的殿军，又下开了一个新的时代，而转向到实学、考据史献学"。①

这段话正好说明了我写该书和本文的中心论旨。正因为我在心性哲学之外，也兼顾思想史的视域，十分重视梨洲和他所处的时代的相互冲击，以及有关梨洲整体经史之学的研究。正好方祖猷教授刚出版他的力作《黄宗羲长传》，长达五十万言，全面照顾梨洲一生的经历、活动与著述，对他的思想发展的曲折的过程，巨细无遗，作出详细而充分的展示。由于祖猷兄追随前辈学者陈训慈学史，字字有据，对梨洲引述的文献出处多有说明，却也秉承中国史

---

① 吴光：《新版序》，见《黄宗羲心学的定位》，第2页。

学的传统,以史为鉴,作出批评反省,衡理度势,作出平情的判断,惠我良多。但因祖猷兄缺乏哲学背景,用词也有不当之处,如以蕺山、梨洲师徒为"气化论",落入"自然主义"(naturalism)、"唯物论"(materialism)之窠臼,极为不妥,必须校正,后文会有进一步的论析。而我的背景追随业师方东美教授与父执牟宗三先生研究中西哲学,集中在儒家思想与比较哲学,专长适与祖猷兄互补。祖猷兄的史论不只不会推翻我的说法,反而加强了我的论点的力量。而对梨洲有相应的理解必须通过哲、史两方面的交会与融合才能得心应手,兼顾学术的传承、理境的开拓与实践的体证。学问的探讨由浅入深,梨洲一生正好是一个典范。本文一开始即引述祖猷兄大著对梨洲(1610—1695)一生的分期:①

一、童年、青少年时期(明万历三十八年·一岁～天启七年·十八岁)

二、"党人时期"(崇祯元年·十九岁～十六年·三十四岁)

三、抗清"游侠"时期(清顺治元年·三十五岁～十六年·五十岁)

四、厕身儒林初期(顺治十七年·五十一岁～康熙五年·五十七岁)

五、创办证人书院(康熙六年·五十八岁～十四年·六十六岁)

六、三藩作乱,康熙右文(康熙十四年·六十六岁～二十四年·七十六岁)

七、饰巾待尽时期(康熙二十五年·七十七岁～三十四年·八十六岁)

并略加阐述如下:

首先,梨洲系出名门,但见遏于阉党。父亲尊素是东林党,被

---

① 方祖猷:《黄宗羲长传》目录,第1—4页。

害死于非命。但梨洲受父亲的影响巨大,是父亲的遗命要他以师、父事蕺山。

党人时期始于十九岁,他伏阙上书,怀锥刺仇,轰动一时。而同气相求,与复社党人结为同调。刘宗周在绍兴立证人讲社,一部分弟子奉陶奭龄为师,由王龙溪经周海门至此,倡明禅说,竟信一名臣转身为白马的"邪说",梨洲纠合一众弟子拜蕺山为师,要求另立证人社讲会。蕺山固辞不受,不愿对立儒释。从此梨洲一边从事举业,一边受教蕺山。由此可见,梨洲年轻时是气节斩斩之辈,对于蕺山"慎独"之学,所得甚浅。他的性格嫉恶如仇,与阮大铖势不两立,不似乃父与人为善,以致引出许多事故。这说明他年轻时行事、思想都不成熟。

明末朝廷受到流寇、清人夹击,崇祯上吊煤山,明亡。吴三桂引清军入关,顺治元年梨洲进入抗清"游侠"时期。梨洲举业从未成功,明亡之前未尝一日仕进。马士英在南京拥立福王,与阮大铖勾结。梨洲到南京赴难,却被陷害,几乎被斩首,幸清军攻陷南京,自狱中逸出。梨洲返乡组织地方民众抗清,曾赴日乞师,无功而返。蕺山在朝廷忠言未被接纳,退回乡里,明亡绝食而死。梨洲在乃师临终之前见到一面,深受感动。而梨洲濒临十死,有不可死之道,信胡翰的推算,五星聚张,子刘子之道通,寄望于未来。《长传》为钱谦益翻案,他秘密与梨洲合作抗清,并非无廉耻的贰臣。① 梨洲对明亡的初次系统反思在《留书》,现存《文质》《封建》《卫所》《朋党》《史》五篇,尚有《田赋》《制科》《将》三篇,改写后收于《明夷

---

① 方祖猷:《黄宗羲长传》,第69—78页。

待访录》，原篇已佚。自序作于癸巳，即顺治十年，说明他还不承认清廷统治的合法性和正统性，抱有将来会实现书中观点的希望，所以称为《留书》。

梨洲五十一岁，抗清已近尾声。他相信汉文化终将取代清廷蛮荒之人的夷狄之道。自己才专心做学问并授徒，研蕺山与孟子，以观治乱之故。梨洲嗜书如命，所至之处，不仅观书，且购书、抄书。由于家境贫困，以抄书为多。康熙二年，由明亡教训扩大为对历史上一治一乱而作现实与历史相结合的反思，写出"条具为治大法"的《明夷待访录》。梨洲继承蕺山，思想脉络可寻，但蕺山属改良封建专制制度，梨洲则批判封建专制制度。也和前著《留书》不同，去除了反清的激烈言词，心境比较平静，能理性地进行反思。两书最大的区别在纲领之不同，《留书》以《文质》篇为纲，强调的是"喜质而恶文，凡人之情"，最后说"天下之为文者劳，而为质者逸，人情喜逸而恶劳"。这是《原君》篇的起点，但他将这一人情论纳入他的"人各自私也，人各自利也"的人性论中，君的"原"必须超越这一自私自利的人性，职分是兴公利，除公害。君如有权营私，乃成为天下之大害者了。臣之"原"也应为天下，非为君也，为万民，非为一姓也。最后法之"原"非为君主而立的一家之法，此乃"非法之法"，要复古圣王"藏天下于天下"的"天下之法"，对三代以后"非法之法"进行彻底"更革"，"有治法而后有治人"。由此可见，不可把梨洲的思想与西方式的"法治"混为一谈。这样的理想当然难以实现，但他未绝望。而明夷待访决不可误解为等待清代圣王如周武王之访箕子。他信的是胡翰十二运的推算，"夷之初旦，明而未融"，对未来还怀抱着希望。

他所要继承的是蕺山的"绝学"。在兵荒马乱中，蕺山子刘汋（伯绳）保存蕺山遗书，功不可没。梨洲一直对蕺山学没有机缘作比较深入的研究，如今成为清代的遗民，这才专心学术。但要等到刘汋死后，梨洲才能通过他的女婿、刘汋的长子茂林"尽发蕺山遗书而读之"。但他意外发现刘汋整理乃父遗著，竟删削乃父"心为意之所存"这一命题，目的在避免受到当朝提倡程朱趋向的攻击。梨洲不能接受这样的歪曲。此后蕺山弟子逐渐分为三派：正统派，以梨洲为代表；修正派，以刘汋、恽仲昇为代表；独立派，以陈确为代表。这里牵涉复杂的哲学问题，有待后详。

梨洲既以"后圣"自许，立志在蛮荒之人统治的乱世，作"圣王救世之事"，必须聚徒讲学，再去感化他人，文化上恢复为鲁卫之区。康熙六年绍兴的越中证人书院和七年的甬上证人书院的建立，目的就是为了实现这一抱负。越中谨守师说，学风不很活跃。甬上证人书院的创建，是弟子主动的要求，为梨洲提供了讲学的平台。梨洲先讲蕺山之学，令弟子阅读《圣学宗要》（宋明理学初级读本）、《子刘子学言》，叙述了"意为心之所存非所发"的观点。讲会内容又转向探讨经学，针对粪土六经的流弊造成伦理的虚无主义和学术浅薄，与顾炎武提出"经学即理学"的时潮相呼应。他又开启了"六经皆史"的倾向。弟子万斯同体现了梨洲史学经世的观点。而经世的史学，还必须以文来表达，才能行之以远。但梨洲因不干预弟子参加科举，受到明遗民如吕留良的责难，也有人则反对蕺山之学或梨洲的修正王学。梨洲著《孟子师说》，因乃师无专著讲孟子，乃代师立言。当然这是梨洲的著作，不为蕺山所范围。这是《明夷待访录》的续篇，也有哲学的反思，有待后详。而梨洲对书院制度进行的重大变革,以弟子自学为主,自由辩难,造就了众多人才,清前期在思想学术界有重大影响的浙东学派,因而创立。[①]

梨洲的想法是,国可灭,史不可灭。他整理故国文献,抢救前明史迹。整理编写《明文案》之后,即动手写《明儒学案》,这是他整体构想的一环,康熙十九年应已成书,并陆续增补,容后再论。他又提倡文以载道和文以情至的文论。三藩之乱,梨洲既存希望,但又踌躇。三藩之乱平定,交入"大壮"的期望动摇,只好作长期为遗民的打算,继续进行两个"保存"的活动,即保存和传播汉文化,保存故国的历史。但他的努力遭到其他遗民的误解和不满,包括吕留良和他的弟弟黄宗炎。康熙十八年,梨洲已七十岁,垂垂老矣。朝廷开明史馆修明史,困难在资料缺乏。康熙殿试,取五十鸿博。梨洲声名在外,藏书丰富,树大招风。他备受礼遇,但为原则,坚拒鸿博,然向监修《明史》的徐元文(顾亭林外甥)推荐万斯同以布衣身份到明史馆修史,还遣子百家至省抄书存勘。表示他已承认明朝成为过去,"以中国治中国"的"大壮"时代之希望破灭。心防的松动使他终于承认清廷统治的合法性。康熙十九年,八十七岁的老母姚太夫人逝世,他要求将老母事迹入《明史》的《列女传》,经徐元文之助得以显亲扬名。他写太夫人《事略》,卒年用康熙年号。康熙二十一年后,他写的墓志铭都出现清廷年号,内心尽管痛苦,态度终于有了改变。但康熙右文,推崇程朱理学,也给予他很大压力,虽仍坚持自己的学术立场,但也在策略上作出某种程度的退让,容后再详。

[①] 吴光:《黄宗羲与清代浙东学派》,北京:中国人民大学出版社,2009年。

梨洲最后一个阶段自称"饰巾待尽",老病之中完成《明文海》巨篇,继辑《宋元文案》与《宋元儒学案》,未完而卒,可谓鞠躬尽瘁,死而后已。梨洲与清廷大臣来往,关系较深的是昆山三徐:乾学、元文、秉义兄弟。

康熙二十六年因得浙江督学的王掞之助,刻成刘宗周的《全集》。康熙十九年梨洲出版《南雷文集》,康熙二十七年将《文案》手削三分之一,成前、后集,而后有三、四集之选刻,五集有目未刻。后人在乾隆年间出版已刻之四卷,改称《南雷文约》,以梨洲本人的文字为主。《陈乾初墓志铭》第四稿即收入《文约》。《明儒学案》二序也都是八十岁以后的作品。康熙二十七年梨洲自筑生圹于化安山,他继承南朝范缜的《神灭论》,驳斥鬼荫之说。但他也肯认不囿于形气的"昊天上帝"来格来享,理的体现必有长留天地超越层面精神的回应。康熙三十三年梨洲自感不能久留人世,作《梨洲末命》吩咐子百家,以石床代棺,不用棺椁,但求速朽。梨洲临终力抗习俗,表明自己坚守遗民晚节,享年八十六岁。

由以上的撮述,可以看到梨洲多彩多姿一生的大概。很清楚的,梨洲专心学术是五十岁以后的事。如果他不长寿,就没有我们今日熟知的这一位学术人物。下文我们把重点由生平转移到哲学的层面,这才是本文所由作的目的与宗旨。

三、《明儒学案》义理的解析

由哲学的视域探讨梨洲思想必由《明儒学案》始,不只两篇序都是八十岁以后的作品，展示他成熟时期的思想，而且由篇首的《师说》以及压卷的《蕺山学案》，可以看到梨洲以及蕺山思想的论旨、特质和渊源之所自。其序曰：

> 盈天地皆心也，变化不测，不能不万殊。心无本体，工夫所至，即其本体，故穷理者，穷此心之万殊，非穷万物之万殊也。是以古之君子，宁凿五丁之间道，不假邯郸之野马，故其途亦不得不殊！奈何今之君子，必欲出于一途，使美厥灵根者，化为焦芽绝港。夫先儒之语录，人人不同，只是印我之心体，变动不居，若执定成局，终是受用不得。此无他，修德而后可讲学。今讲学而不修德，又何怪其举一而废百乎！……
>
> 羲幼遭家难，先师蕺山先生视羲如子，扶危定倾，日闻绪言，小子矍矍，梦奠之后，始从遗书得其宗旨，而同门之友多归忠节。岁己酉，毗陵恽仲昇来越，著《刘子节要》。仲昇，先师之高第弟子也。书成，羲送之江干，仲昇执手丁宁曰："今日知先师之学者，惟吾与子两人，议论不容不归一，惟于先师言意所在，宜稍为通融。"羲曰："先师所以异于诸儒者，正在于意，岂可不为发明！"仲昇欲羲叙其《节要》，羲终不敢。是则仲昇于殊途百虑之学，尚有成局之未化也。羲为《明儒学案》，上下诸先生，深浅各得，醇疵互见，要皆功力所至，竭其心之万殊者，而后成家，未尝以懵懂精神冒人糟粕。于是为之分源别派，使其宗旨历然，由是而之焉，固圣人之耳目也。间有发明，一本之所在（《梨洲史集》记为"一本之先师"），非敢有所增损其间。此犹中衢之罇，后人但持瓦瓯樿杓，随意取之，

无有不满腹者矣。①

此序乃梨洲八十三岁时口授儿子百家写成，可谓其晚年定论无疑。由此序可见梨洲心学为圣学之一支，继承蕺山对阳明心学的修正。"心学"一词不可径译为西方哲学的"idealism"一词。② 明代心学始于陈白沙之心贵自得，盛于王阳明之回归本心致良知，排击朱子以理在外[物]，格物致知，先知后行，知行打成两橛，不免支离之患。蕺山对王学是下了工夫的，他著《阳明传信录》三卷，对阳明的睿识也有相当肯认。但他对王门后学的流弊是不能接受的，对王阳明的理解有他自己不同的视域。阳明思考发展的变化，长期追随他最忠实的弟子钱德洪的《刻文录叙说》有一简要的综述：

> 先生之学凡三变，其为教也亦三变。少之时，驰骋于辞章；已而出入于二氏；继乃居夷处困，豁然有得于圣贤之旨，是三变而至道也。居贵阳时，首与学者为"知行合一"之说；自滁阳后，多教学者静坐；江右以来，始单提"致良知"三字，直指本体，令学者言下有悟。是教亦三变也。③

---

① 本文引述的《明儒学案》并非 2005 年出版的《黄宗羲全集》增订新版，原因在拙著《黄宗羲心学的定位》出版于 1986 年，2005 年出版的简体字增订新版仅作小幅修订，故引述仍以拙著简体字版为准，特此声明。
② 英文 "idealism" 一词也含歧义，epistemological idealism 可译为知识论的"观念论"，如贝克莱（G. Berkeley）主"存在即被知觉"；metaphysical idealism 可译为形上学的"唯心论"，如黑格尔（G. W. F. Hegal）的哲学大系统。这都和中国哲学宋明理学之一分支陆王心学了无关涉。而 axiologlcal idealism 可译为价值论的"理想主义"，其广义自可包含陆王心学，但也可包含程朱理学，完全不见"心学"的特色，一点用也没有。
③ 《王阳明全集》，第四版，台北：正中书局，1970 年，第 10 页。

德洪所记应有相当权威性。但我发现，梨洲《明儒学案》之中《姚江学案》也讲其学凡三变，学成以后又三变，内容却有微妙的变化，其言曰：

> 先生之学，始泛滥于词章，继而遍读考亭之书，循序格物，顾物理吾心终判为二，无所得入。于是出入于佛、老者久之。及至居夷处困，动心忍性，因念圣人处此更有何道，忽悟格物致知之旨，圣人之道，吾性自足，不假外求。其学凡三变而始得其门。自此以后，尽去枝叶，一意本原，以默坐澄心为学的。有未发之中，始能有发而中节之和，视听言动，大率以收敛为主，发散是不得已。江右以后，专提"致良知"三字，默不假坐，心不待澄，不习不虑，出之自有天则。盖良知即是未发之中，此知之前更无未发；良知即是中节之和，此知之后更无已发。此知自能收敛，不须更主于收敛；此知自能发散，不须更期于发散。收敛者，感之体，静而动也；发散者，寂之用，动而静也。知之真切笃实处即是行，行之明觉精察处即是知，无有二也。居越以后，所操益熟，所得益化，时时知是知非，时时无是无非，开口即得本心，更无假借凑泊，如赤日当空而万象毕照。是学成之后又有此三变也。①

梨洲述阳明少时对朱学之不满，为德洪所未及；又不提知行合一，在默坐澄心之后，把致良知看做学成之后第二变，不把它当作

---

① 《明儒学案》，上册，北京：中华书局，1985年，第181页。

最后的阶段，与德洪所言有出入；而德洪说教有三变，没有说学成之后又有三变。梨洲所述显有滑转。奇怪的是，二百年来没有学者注意到这样的差异与其重要的意涵。我发现蕺山著《阳明传信录》，开始的小引曰：

> 先生之言良知也，近本之孔、孟之说，远溯之精一之传，盖自程、朱一线中绝，而后补偏救弊，契圣归宗，未有若先生之深切著明者也，是谓宗旨。则后之学先生者，从可知已。不学其所悟而学其所悔，舍天理而求良知，阴以叛孔、孟之道而不顾，又其弊也。说知说行，先后两截，言悟言参，转增学虑，吾不知于先生之道为何如！间尝求其故而不得，意者先生因病立方，时时权实互用，后人不得其解，未免转增离歧乎？宗周因于手抄之余，有可以发明先生之蕴者，僭存一二，管窥以质所疑，冀得借手以就正于有道，庶几有善学先生者出，而先生之道传之久而无弊也。因题之曰"传信"云。①

由此可以看到梨洲改易之所本，蕺山对阳明思想关键性的理解是，阳明因病立方，时时权实互用，这样致良知不再是终教，有时可以视为权法，焉可当作对致良知教的相应的理解。在斥责阳明后学之流弊时，竟然将天理和良知对立起来，以求良知者为阴叛孔孟之道，过矣！梨洲《子刘子行状》总括蕺山对阳明的批判，其言曰：

> 先生以谓新建之流弊，亦新建之择焉而不精，语焉而不详

---

① 刘宗周：《刘子全书及遗编》，下册，日本京都中文出版社，1981年，第1119页。

有以启之也。其驳《天泉证道记》曰:"新建言:'无善无恶心之体,有善有恶者意之动,知善知恶是良知,为善去恶是格物。'如心体果是无善无恶,则有善有恶之意,又从何处来?知善知恶之知,又从何处起?为善去恶之功,又从何处用?无乃语语绝流断港乎?其驳良知说曰:'知善知恶,从有善有恶而言者也。因有善有恶,而后知善知恶,是知为意奴也,良在何处?又反无善无恶而言者也。本无善无恶,而又知善知恶,是知为心祟也,良在何处?止因新建将意字认坏,故不得不进而求良于知,仍将知字认粗,故不得不进而求精于心,非《大学》之本旨,明矣。'盖先生于新建之学凡三变:始而疑,中而信,终而辩难不遗余力,而新建之旨复显。①

梨洲这最后一句话最有意思。辩难的是阳明的"择焉而不精,语焉而不详"处,其目的则在复显王学之本旨。这样看来,由蕺山到梨洲并没有以阳明为禅,肯认阳明为圣学之一支。但王门后学之流弊严重,蕺山批曰:

今天下争言良知矣,及其弊也,猖狂者参之以情识,而一是皆良;超洁者荡之以玄虚,而夷良于贼。②

很明显,蕺山以泰州派"参之以情识",龙溪则"荡之于玄虚"。蕺山之学乘王学之流弊而起,在朱子、阳明之外另觅蹊径,重释《大

---

① 《黄宗羲全集》,第一册,第253—254页。蕺山驳斥阳明之说不谛,参见刘述先:《论王阳明的最后定见》,收入《黄宗羲心学的定位》,简体字版,附录,第148—166页。
② 刘宗周:《刘子全书及遗编·证学杂解》解二十五,第113页。

学》，归显于密，改倡"诚意慎独"之教，自成一条思路。①至此我们才明白梨洲为何要改易德洪之说提出阳明学成以后三变的说法。致良知既非终教，最后一个阶段借龙溪语描绘阳明修养工夫达到最高理境的证会，根本无关教法。这是为蕺山的"诚意慎独"教之作为终教预留地步。梨洲的学问广涉经史，自不为蕺山所范围。但他著《明儒学案》，纲领、学术的分派和评述的判准均来自蕺山。在《子刘子行状》之中，梨洲对于蕺山思想的纲领有相当详细的综述。他说：

> 先生宗旨为慎独。始从主敬入门，中年专用慎独工夫。慎则敬，敬则诚。晚年愈精微愈平实，本体只是些子，工夫只是些子。仍不分此为本体，彼为工夫。亦并无这些子可指，合于无声无臭之本然。从严毅清苦之中，发为光风霁月，消息动静，步步实历而见。故发先儒所未发者，其大端有四：
>
> 一曰静存之外无动察。……
>
> 一曰意为心之所存，非所发。……
>
> 一曰已发未发，以表里对待言，不以前后际言。……
>
> 一曰太极为万物之总名。……②

由此可见《明儒学案》序之所本，非梨洲之深于此学，绝不可能将蕺山之学约为四端，由内而外成为一贯，由工夫论之体证，到宇宙论之玄旨，足以表达蕺山思想之特色。梨洲思想之博通自不为

---

① 参见牟宗三：《从陆象山到刘蕺山》，台北：台湾学生书局，1978年，第453—541页。
② 《黄宗羲全集》，第一册，第250—253页。

蕺山之学所范围,蕺山即本体即工夫,梨洲进一步发展为即工夫即本体。他倡一本万殊,而把重点转移到万殊,才有《明儒学案》之编纂。但万变不离其宗,《明儒学案》最后以《蕺山学案》压卷竟曰:

> 识者谓五星聚奎,濂、洛、关、闽出焉;五星聚室,阳明子之说昌;五星聚张,子刘子之道通,岂非天哉!岂非天哉!①

这简直是情见乎辞了。真实的历史并未如梨洲期盼的发展,那是另一回事。由此也可以看到,梨洲为何不同意恽仲昇的提议:"于先师言意所在,宜稍为通融。"梨洲序原本为"间有发明,一本之先师",改本为"一本之所在",明白地显示梨洲也感受到康熙右文的压力而作出策略上的退却,但绝不容许改易先师的本旨而在《蕺山学案》如引文所述保留了原貌。但牟宗三先生认为,程明道的一本论肯定一超越的即活动即存有的实体,阳明、蕺山尚能维持住超越义,而梨洲却堕落成为一"气化论者",其言曰:

> 其视心为气,……于理则又完全丧失其超越之意义,如此言理气为"一物而两名","只有气更无理,所谓理者,以气自有条理,故立此名",此则纯成为自然主义实然之平铺,不几成为唯气论乎?②

又曰:

> 黄梨洲之论点,是承其师于理气问题上之滞辞而误引者,

---

① 《黄宗羲全集》,第八册,第891页。
② 牟宗三:《心体与性体》,第二册,台北:正中书局,1958—1959年,第121页。

不足为凭。即蕺山亦不如此。蕺山十分正视"天命于穆不已"之实体。彼由此言性体,言独体。贯其血脉,惟于理气问题上不免有滞辞与多无谓之争论,然决不至如梨洲之讲法。黄梨洲博雅多闻,大体似亦不外行,然对此学究未用过真切工夫也。对于其师,所得亦浅。①

由此可见,牟先生很清楚,梨洲许多不谛之论乃承蕺山而起。但他极力为蕺山开脱,贬抑梨洲。无可否认,师兄弟之间是有相当差距。但我强调的是,在主观意愿上,梨洲一贯以乃师的思想纲领作为指导原则,绝无背离之事。他继承阳明、蕺山心学的线索,内在一元论的倾向日增,超越之义更为减煞,用力的重点不在慎独,而在这一预设之下做学术史工作。但无论超越之义如何减煞,仍保留这一层面,绝不能比同于王廷相一类自然主义的"气化论"思想,牟先生不免过矣。《明儒学案》以后,梨洲著《孟子师说》,卷六《公都子问性》章追溯到"天"的源头,仍是一种超越而内在的形态。②再往下滑落一步,才成为"以人欲为首出"的陈确、戴震之学,脱离了宋明理学"天道性命相贯通"的规模,而属于另一典范,故我以梨洲为理学殿军,相关问题容后再叙。③由这一视域,我也不能接受方祖猷教授的见解。方教授是大陆学者,大陆流行的观点是:朱子的理气论(形上学),阳明的心性论,戴震达情遂欲的实学,刚好构成理学、心学、气学演化的三个阶段。他的《黄宗羲长传》重

---

① 牟宗三:《心体与性体》,第二册,台北:正中书局,1958—1959年,第135页。
② 参见刘述先:《黄宗羲心学的定位》,简体字版,第146页。
③ 同上书,第147页。

点不在理论，但还是有关涉，例如他说：

> 陈确学说的价值所在，是他对宋明理学的一些重要命题的根本性否定，反映了清初实学思潮的高涨和理学的衰落。而黄宗羲对陈确的批评，只能证明他尚未完全跳出理学的范畴，正如全祖望所说的，他尚流连于理学的枝叶。①

这样的理解和我有很大的差距。我和牟宗三先生一样，认为丧失了超越面是思想的堕落，自然主义的气化论正坐此弊。清代自戴震以后就没有出现重要的哲学家。一直要到当代新儒家才恢复了继承自宋明理学心性之学既超越而内在的睿识。②

明儒最重要的学问是心学，阳明的影响与日俱增。梨洲对阳明思想的阐释以其学成以后三变，不烦再赘。他不同时期有不同的教法，教不同的学生，意见未能归一。自然而然王门的分派成为《明儒学案》一个中心的问题。而梨洲撰《明儒学案》，并未先存一门户之见，有所授受者分为各案，他尽了很大的努力，以同情的了解的态度，纂要钩玄，把握各家学术宗旨。王门弟子的派别，梨洲是以地理的分布，析之为六派：浙中、江右（止修学案括入）、南中（指江苏，泰州学案括入）、楚中、北方、粤闽。③由于篇幅所限，我们只看几个重要学派叙录的节录即可。

---

① 方祖猷：《黄宗羲长传》，第 308 页。
② 参见《中国文化与世界宣言》，由唐君毅、牟宗三、徐复观、张君劢签署，发表于 1958 年元旦的《民主评论》与《再生》杂志，后收入唐君毅：《中华人文与当今世界》，下册，香港：东方人文学会，1975 年，第 865—929 页。
③ 此据缪天绶说，参见《明儒学案·新序》，台北：台湾商务印书馆，1968 年，第 14 页。

《浙中王门学案》：

　　姚江之教，自近而远，其最初学者，不过郡邑之士耳。龙场而后，四方弟子始益进焉。郡邑之以学鸣者，亦仅仅绪山、龙溪，此外则椎轮积水耳。（卷十一）

《江右王门学案》：

　　姚江之学，惟江右为得其传，东廓、念庵、两峰、双江其选也。再传而为塘南、思默，皆能推原阳明未尽之旨，是时越中流弊错出，挟师说以杜学者之口，而江右独能破之，阳明之道赖以不坠。盖阳明一生精神，俱在江右，亦其感应之理宜也。（卷十六）

《楚中王门学案》：

　　楚学之盛，惟耿天台一派，自泰州流入。……然道林实得阳明之传，天台之派虽盛，反多破坏良知学脉，恶可较哉！（卷二十八）

《泰州学案》：

　　阳明先生之学，有泰州、龙溪而风行天下，亦因泰州、龙溪而渐失其传。泰州、龙溪时时不满其师说，盖启瞿昙之秘而归之师，盖跻阳明而为禅矣。然龙溪之后，力量无过于龙溪者，又得江右为之救正，故不至十分决裂。泰州之后，其人多能以赤手搏龙蛇，传至颜山农、何心隐一派，遂复非名教之所能羁络矣。顾端文曰："心隐辈坐在利欲胶漆盆中，所以能鼓动得人，只缘他一种聪明，亦自有不可到处。"羲以为非其聪明，正其学术也。所谓祖师禅者，以作用见性。诸公掀翻天地，前不见有古人,后不见有来者。释氏一棒一喝,当机横行,放下拄杖,便如愚人一般。诸公赤身担当,无有放下时节,故其害如是。(卷三十二)

浙中王门重要人物仅钱绪山与王龙溪二人,一主渐教的工夫论,一主顿教的工夫论,均于师门所教有据,然各得一偏。宗羲承蕺山思绪疑阳明之四句教是不能成立的,我已提出充分的论据说明这就是阳明的最后定见,① 此处不赘。

如果不知道梨洲的蕺山思想渊源,就会感到他对江右王门的部分议论莫名其妙。说阳明精神在江右有感应是不错的,如邹东廓等的确传阳明的道。但他列举代表人物,聂双江与罗念庵与阳明的关系只有浮浅的关系,二人在阳明生前均未及门,思绪也不契于阳明在江右所教。原因在蕺山痛批龙溪见成良知之说,双江归寂似蕺山静存之说,梨洲乃以蕺山之说为双江辩护,焉能得直。牟宗三先生曾详细梳理双江与龙溪的辩论,其言曰:

吾观致知议辩,见双方往复论难,龙溪一本于师门而头头是道,双江则记闻杂博,其引语发议皆不本于阳明,纵有所当,固不契于龙溪,实亦乖于阳明也。黄宗羲之断语显然非是。其如此说,亦或因激矫而然。然要不可因激矫时弊而有背于阳明。②

---

① 参见刘述先:《论王阳明的最后定见》,收入《黄宗羲心学的定位》。
② 牟宗三:《从陆象山到刘蕺山》,第305页。

双江在狱中自悟，把良知分拆为前后内外，不理解阳明体证良知本体通贯未发已发、寂感动静，正为终法，故引起同门环攻，只念庵盛赞双江之归寂。而念庵在阳明生前连一面都未见到，哪一说法为阳明所教可谓不言而喻了。

耿天台一派有破坏良知学脉的反效果，置之可也。

最大的问题在泰州派。泰州派始自王艮（心斋）。他的行为怪诞，拜师前创淮南格物说，与阳明激辩两次以后才拜师。阳明生时，他的行为表现已不守绳墨，讲学立义不遵守阳明轨范。梨洲述其学曰：

> 先生以格物，即物有本末之物。身与天下国家一物也，格知身之为本，而家国天下之为末，行有不得者，皆反求诸己。反己，是格物底工夫，故欲齐治平在于安身。……此所谓淮南格物也。子刘子（蕺山）曰："后儒格物之说，当以淮南为正。第少一注脚，格知诚意之为本，而正修治平之为末，则备矣。"然所谓安身者，亦是安其心耳，非区区保此形骸之为安也。

心斋以道眼前即是，主平常，主自然，讲学大众化，影响深入民间，曾作脍炙人口的乐学歌。次子襞（东崖），师事龙溪绪山，心斋没，遂继父讲学。东崖学承心斋之乐学，龙溪之见成，形成泰州派的特殊风格，超越内在打成一片。然无孟子真正工夫，便易演变而为狂荡一路，所谓狂禅，蕺山所谓"情识而肆"也。泰州一派，梨洲特别表扬王栋（一庵），他不以意为心之所发，心则虚灵而善应，意有定向而中涵。自心虚灵之中，确然有主者，名之曰意耳。蕺山未见一庵书，而梨洲为之辩护表扬，即为蕺山辩护表扬。作《明儒学案》序时，梨洲八十衰翁，犹断断致辩此一问题，谓其晚年思想有大变化，而背离师说，可乎？

而良知在日用间流行每易起一种光景，须加拆穿。顺泰州派家风做真实工夫，加以拆穿良知本身之光景，使之真流行于日用之间，而言平常、自然、洒脱与乐者，乃是罗近溪。① 梨洲论述其学曰：

> 先生之学，以赤子良心、不学不虑为的，以天地万物同体、彻形骸、忘物我为大。此理生生不息，不须把持，不须接续，当下浑沦顺适。工夫难得凑泊，即以不屑凑泊为工夫，胸次茫无畔岸，便以不依畔岸为胸次，解缆放船，顺风张棹，无之非是。学人不省，妄以澄然湛然为心之本体，沉滞胸膈，留恋景光，是为鬼窟活计，非天明也。论者谓龙溪笔胜舌，近溪舌胜笔。顾盼咳欠，微谈剧论，所触若春行雷动，虽素不识学之人，俄顷之间，能令其心地开明，道在现前。一洗理学肤浅套括之气，当下便有受用，顾未有如先生者也。

近溪为心斋之三传（王艮—徐波石—颜山农—罗近溪），与龙溪齐名。近溪破除光景的方法显然启发自禅宗。正如牟宗三先生指出的，佛家的发展必至禅，宋明儒的发展则必然到近溪，其问题以及偏向也是十分类似的。禅宗必预设佛家的分解，近溪则必预设宋明理学之分解，否则必流于情识而肆。人病演变为法病，晚明之势，一滚而下，无可阻抑，又当时必然之势也。梨洲在述近溪之学后有

---

① 牟宗三先生论近溪之学，最能得其神髓，参见《从陆象山到刘蕺山》，第282—298页。

评论，其言曰：

> 盖生生之机，洋溢天地间，是其流行之体也。自流行而至画一，有川流便有敦化，故儒者于流行见其画一，方谓之知性。若徒见气机之鼓荡，而玩弄不已，犹在阴阳边事，先生未免有一间之未达也。夫儒释之辨，真在毫厘。……故吾谓释氏是学焉而未至者也。其所见固未尝有差，盖离流行亦无所为主宰耳。若以先生近禅，并弃其说，则是俗儒之见，去圣亦远矣。

梨洲所论不谛。他看出近溪与禅有一种平行的关系，这并不错。但近溪岂"徒见气机之鼓荡而玩弄不已"之辈，若然乃背道而驰，岂只是"一间之未达"而已！此是对近溪之诬枉。他对近溪的辩护，则更不成义理。儒释之别在，儒家宗主一"生生"之形上学与宇宙、心性论，佛家却主"无常"，焉可谓"其所见固未尝有差"？梨洲仅由万殊一本辨儒释，是隔了几重公案者也。

由以上所言，梨洲根本不真切了解阳明的致良知教；也不了解二溪虽有偏向，却是阳明学应有的发展，如能给予适当定位，未必一定产生"虚玄而荡""情识而肆"的效果。梨洲所称颂的江右一派，双江、念庵的归寂，根本不是王学的真血脉，怎可以说"阳明之学赖以不坠"？故由阳明心学内部标准来看，《明儒学案》实一无是处，取舍失当，轻重失衡，绝非善绍王学者也。然而真正的关键是，《明儒学案》根本不是一部由王学的观点写的思想史。梨洲是根据蕺山思想的纲领来简择阳明以及王门学派。确凿的事实证据就摆在我们面前，大家却像是故意视而不见，何耶？

四、梨洲晚年思绪的阐发

如前所说，梨洲晚年思想以《明儒学案》序为定论，我们别无选择必以之为判准。首先我们要据以排除一些没有根据的说法。梨洲八十衰翁尚断断为乃师致辩，故谓其晚年受同门陈确影响背离乃师是经不起考验的。充其量只能说其学不为乃师所限而有进一步的阐发，这是个值得开拓的新论题，本节可以当作一个初步的尝试。开宗明义，梨洲已把重点更进一步由本体移向工夫。《明儒学案》成稿后，梨洲仍不断加以增补修正，然万变不离其宗，不容许背离蕺山所教，不接受恽仲昇（涵刘汋）修正派的见解。当然梨洲也不自甘于《明儒学案》的改易，曾另作《孟子师说》，这无疑是梨洲自己的著作，对孟子作进一步的探索，却又未标名引述了陈确的《性解》，以致引起了猜测和推论，既有横生枝节的误解，也有可资启发的创意，需要做进一步的探究。说梨洲剽窃陈确，根本缺乏动机，当纯属误解。① 但梨洲引述乾初却有各种不同的说法。一种可能是，梨洲初由女婿处取得蕺山遗稿，《性解》也在里面，乃误会为遗稿。但后来梨洲看到乾初改稿，不可能不知道此文非蕺山所作，却仍未标名引述在《孟子师说》，理由何在？我的推测是，此文见解不背师门遗教，梨洲乃以之为弟子阐发师说的一部分，似乎可以言之成理。然而采取了这样的见解，就不能不肯认，梨洲晚

---

① 香港学者邓立光发现梨洲《孟子师说》卷六"五谷者"章引陈确《性解》未标名，有抄袭的嫌疑，参邓立光：《陈乾初研究》，台北：文津，1992年，第156页。但梨洲既无动机抄袭，当纯属误解，我已有回应，参《黄宗羲心学的定位》，第140—141页。

年对蕺山思想的阐发的确受到乾初的冲击，需要重新作深一层的探究。首先，梨洲与乾初对于师说确有不同的理解。乾初否定《大学》，而梨洲以蕺山于《大学》有《统义》，此所以梨洲在弟子中为正统派，而乾初为独立派。乾初主张："人心本无所谓天理，天理正从人欲中见。人欲恰好处即天理也。"梨洲以此说是由蕺山"道心即是人心之本心，义理之性即气质之性，离气质无所谓理"而来，但性有质而欲流走，故不谛。而蕺山《学言》虽曰："天理人欲，同行而异情，故即欲可以还理。"基本上理欲还是分属两个层次，回归濂溪"无欲是圣"的思想。梨洲谨守蕺山"无欲"之教，无论他是否对乾初之说有所误解，还是比较接近蕺山遗教。而乾初仍服膺蕺山"戒惧慎独"之学，说梨洲晚年受乾初影响背离蕺山之教乃子虚乌有之事。但二人均不以"慎独"为重点，梨洲转向做学术史，乾初则指向不同于宋明理学之另一典范。这才还原了当时思想史的原貌。

现在我们要把目光转到梨洲写陈确墓志铭的四稿，里面可以找到梨洲思想变化的线索。

陈确逝世于康熙十六年，后人求梨洲写墓志铭。由于梨洲看到乾初著作不多，仅写生平事迹，未涉学术，谓"其学无所倚傍，无所瞻顾，凡不合于心者，虽先儒之有成就，亦不肯随声附和，遂多惊世骇俗之论"[①]，大体得之。

康熙十七年，梨洲看到较多遗著，乃写二稿，增添六段学术著作的"绪言"，总评曰：

---

① 转引自方祖猷：《黄宗羲长传》，第310页。

> 近读陈乾初所著,于先师之学,十得四五。……从游虽晚,冥契心髓。……其于圣学,已见头脑,故深中诸儒之病者有之,或主张太过,不善会诸儒之意者亦有之。①

康熙十九年,梨洲自订《南雷文案》,收入墓志铭,稍作修改,但流露出来的意思很重要。②"于先师之学十得四五"改成"十得二三",将"冥契蕺山之学"的"心髓",减少了几近一半。又将铭文"从游虽晚,冥契心髓"改为"北面未深,冥契心髓"。明确点出乾初得先师之学之不足。

然而到康熙二十七年,梨洲手削《南雷文案》不必留者三分之一,成《南雷文定》前、后集。此后有三集、四集之选刻,又手定五集的目录。临卒前,删节为四卷,称为《南雷文约》,死后才出版,收入删改墓志铭三稿而成的第四稿。这次删改较大,首先,不是客观地节录陈确原文,而是用自己的话作扼要的介绍;其次,介绍的内容少了;还删了对陈确为学的评价。也有增加,既不否定,也不赞成,而是中性稍倾向陈确的观点。③似乎肯定程朱,减少批评程朱的锋芒,又用以为陈确的《大学》非圣经说作辩护,可谓用心良苦。④总之,梨洲以乾初于先师之学十之二三,但陈确之学确有其特质,也有其偏向,应为公允之论。

新儒家后劲陈荣灼由《孟子师说》论梨洲对蕺山立场之继承与

---

① 转引自方祖猷:《黄宗羲长传》,第 310 页。
② 同上书,第 311 页。
③ 同上书,第 377—378 页。
④ 同上书,第 383 页。

弘扬，以其倡"唯气论"，但非"自然主义"也非"唯物论"，其"元气"指"形而上的本然之气"，有"存有论之情"，也是良能，尚待阐发。① 我在本文仍维持我自己一贯的观点，到此告一段落。

（《东亚视域中的儒学：传统的诠释》第四届国际汉学会议论文集，"中央研究院"出版，2013年10月）

---

① 参见陈荣灼：《黄宗羲之孟学解释：从刘蕺山到王船山》，此论文发表于"宋明理学学术会议2010——黄宗羲四百周年诞辰纪念"研讨会（"中央大学"儒学研究中心举办），收入杨祖汉、杨自平主编，《黄宗羲与明末清初学术》，中坜："中央大学"出版中心，2011年，第127—164页。

全球意识觉醒下儒家哲学的
典范重构与诠释

一、前　言

中国传统向来突显一元正统，到了 21 世纪的今天已明显地不合时宜。在全球意识觉醒下，儒家哲学有必要做典范重构与诠释，这正是本文所要做的工作。2006 年斯维德勒（Leonard Swidler）著《全球对话的时代》在大陆出版。[①] 由于所提出的议题重要，我选择以第一时间用新儒家的观点在国际会议上做出回应。[②] 如今即着手做儒家哲学的典范重构与诠释的后续工作，近年来我致力于对宋儒提出的"理一分殊"做出创造性的阐释，申论其现代乃至后现代的

---

① Leonard Swidler, *The Age of Global Dialogue*，中文本由刘利华译出：斯维德勒（又译史威德勒）著：《全球对话的时代》，北京：中国社会科学出版社，2006 年。这书很特别，中译先于原著出版。
② 韩国中国学会第二十六次中国学国际学术大会邀请我作基调演讲，2006 年 8 月 18 日我发表《对于〈全球对话的时代〉的回应》。此文在论文集刊出后（第 19—33 页），征得主办单位同意，又刊于《鹅湖》总 377 期（2006.11），第 1—12 页。

意义。① 经过这些年来不断的对话与探索，现在又有了更进一步的省思，在下面两节分论"理一"与"分殊"，把自己的想法展示出来，向大家讨教。

二、论"理一分殊"之为规约原则与重新阐释之必要

由现代到后现代，希克（John Hick）指出，就基督宗教来看，大致有三种不同的思路："排他主义"（exclusivism）、"包容主义"（inclusivism）与"多元主义"（pluralism）。② 传统取"绝对主义"（absolutism）的立场，提倡排他主义，如今却大大的不合时宜。晚近有了巨大的变化，譬如20世纪60年代中叶，天主教的第二次梵蒂冈会议（Second Vatican Council）转取包容主义的立场，主张即使不信耶稣基督也有得救的可能性，在态度上已经有了根本的改变。但希克认为还不足够，世界宗教分别发展，故只有转取多元主义的立场，才能符合实际的情况。但希克的观点不免有堕入相对主义（relativism）的危险。虽然也有学者否认希克是一个不作判断的相对主义者，指出他曾提议由"融贯"（coherence）、"经验"（experience）、"精神性"（spirituality）与"德性"（morality）

---

① 例如：《"理一分殊"与道德重建》，《台湾儒学与现代生活：国际学术研讨会论文集》，台北：台湾学生书局，2000年，第1—18页。

② John Hick, "Religion, Violence and Global Confict: A Christian Proposal", *Global Dialogue*, vol.2, no.1 (Winter, 2000), 5.

等判准来对各宗教的面向做出评估。① 然而希克毕竟拒绝对它们做出整体的评价，这样他还未能真正超克相对主义的困难。有趣的是，希克不只支持斯维德勒与孔汉思分别起草"全球伦理宣言"（a universal declaration of a global ethic）的努力，他还提议各宗教应起草自己不同的宣言，作出多元的表示。② 这说明希克不只积极肯定"分殊"，也有心向往"理一"。只不过这方面的努力是由被联合国教科文组织尊为全球伦理之父的孔汉思与盟友斯维德勒在大力推动，他只是扮演从旁协助的角色而已！

孔汉思对后现代的理解与时流截然有异。所谓"后现代"并无一定的说法，最初源起于建筑界反对现代只造整齐划一缺乏个性的丑陋的大厦，强调多彩多姿的不同表达，重点放在"分殊"上。孔汉思当然也强调对于不同精神传统的倾慕与尊重，但他更强调全球意识的觉醒。依他之见，我们今日又面临一个典范转移的时代，世界已成为一个日益狭小的地球村，没有宗教之间的和平就不会有世界和平。因此他呼吁各宗教先对自己的传统作出彻底的反省和严厉的批评，敞开胸怀与其他传统平等互待，作精神上的交流，存异求同，建构一个低限度的全球伦理，以超克当前文明冲突的危险。他的中心关注乃是对于"理一"的向往。而且他剑及履及，起草了一

---

① Cf. Dan Cohn-Sherbok, "Judaism and the Copernican Shift in the Universe of Faiths", *Global Dialogue*, vol.2, no.1(Winter, 2000), 31—32.

② John Hick, "Toward a Universal Declaration of a Global Ethic: A Protestant Comment", in *For All Life: Toward a Universal Declaration of a Global Ethic: An Interreligious Dialogue*, edited by Leonard Swidler(Ashland, Oregon: White Cloud Press, 1999), pp.100—104. 有关全球伦理与相关问题，请参阅拙作《全球伦理与宗教对话》（台北：立绪文化，2001 年），对之有全面性的探究与考察。

份宣言，在 1993 年于芝加哥举行的世界宗教会（Parliament of the World's Religions）获得通过。① 这份宣言有一个原理；即所谓"金律"："己所不欲，勿施于人"或"己之所欲，施之于人"。又有四个宽广的指令，即摩西伦理四诫：不杀、不盗、不妄、不淫的现代表述。② 后来他又起草《人的责任之世界宣言》，希望联合国在 1948 年通过《人权宣言》之后五十年再通过这份宣言，然而却事与愿违。原因在 1997 年 12 月在拿波里开会，自由主义者对这一宣言最大的保留甚至非议，在过分强调康德式的责任观念，会对新闻自由造成不利的影响。无疑孔汉思的母语是德文，康德的"把人当作目的而非手段"是他最重要的一个精神资源。但这样的质疑未免离谱，不只责任意识来自自我，难道新闻记者写报导不需要自律吗？而且孔汉思的宣言只呼吁大家支持一个低限度（minimalist）的全球伦理，那四条宽广的指令来自自觉，不牵涉任何外在权力的强制。只不过回归康德，带着浓厚的德国先验（apriori）主义的味道，颇不合于英美经验主义的脾胃。③ 此后全球伦理的推动化整为零，不再通过联合国教科文组织，而是各地区自行努力追求合乎人道的和谐理想，与恐怖主义以及单向的帝国主义的暴力抗衡，知其不可而为，这就是目前的状况④。

---

① Hans Küng and Karl-Josef Kuschel. eds., *A Global Ethic, The Declaration of the Parliament of the World's Religions*（London：SCM Press, 1993）.
② 这四个指令是：对于非暴力的文化与尊敬生命的承诺，对于团结的文化与公正经济秩序的承诺，对于宽容的文化与真实的生活的承诺，对于平等权利文化与男女之间的伙伴关系的承诺。参见刘述先：《全球伦理与宗教对话》，第 24、65—66 页。
③ 我曾详细报道拿波里开会的经过，参见刘述先：《全球伦理与宗教对话》，第 39—53 页。
④ 参见刘述先：《世界伦理建构的探索》，收入《全球伦理与宗教对话》，第 175—202 页。

回到当代新儒家的传统，我们就发现完全不同的氛围。第二代新儒家影响力最大的大师牟宗三教授，持论适与自由主义者相反。他也强力批评康德，但不是以康德过分强调责任意识，而是指出康德只能把自由意志当作"基设"（postulate），受限于基督宗教的传统，仅能建立一"道德底形上学"（metaphysics of morals），未能建立一"道德的形上学"（moral metaphysics），以至于严重的不足够，真正的自律道德未能突显出来①。1949 年，牟先生以孤臣孽子的心境飘洋过海到台湾，在当时的师范学院（今师范大学）任教，并组织人文友会，弘扬儒学，力抗时流之"无体、无理、无力"。牟先生第一步由当前的西方自然主义回归康德的理想主义，以康德打通中西哲学之桥梁。第二步乃指出康德哲学之不足，二分"现象"与"物自身"，认为只有上帝有"智的直觉"（intellectual intuition），人只能有感触直观与概念理解，以至于道体有所睽隔。最后一步回归中国传统，儒、释、道三教均肯定人有智的直觉，不只能够把握"名理"（逻辑）、"物理"（科学）与"事理"（人文），还能体证"性理"（儒）、"空理"（释）与"玄理"（道）。依牟先生之见，中西哲学最大的分野，在中国精神传统通过主体内在的心性，体证终极的道理，非理智、知识所行境。而西方主流思想却努力向外追求宇宙的本体，或者超越的上帝，在天人之间有所睽隔。而中国传统的人文主义并不是沙特（J.-P. Sartre）式的寡头人文主

---

① 牟先生的思想体大思精，不易深入其堂奥，简单的介绍参见刘述先：《当代新儒家硕果仅存的大师牟宗三先生》，收入《当代中国哲学论：人物篇》，新泽西：八方文化，1996 年，第 183—190 页。

义，上通于天，下通于地，宋儒倡"天道性命相贯通"，得以体现"常道"，牟先生标示他所谓生命的学问最为充实饱满。而中西哲学分别有其定位。中国传统体现"无执的形上学"，西方传统却建构"执的形上学"，分别有其胜场。中国哲学必须维护自己原有的"道统"（道德的形上学），进一步拓展吸纳西方的"学统"（科学）、"政统"（民主），未来才可望走上一康庄大道。在现实上中国文化不断沉沦下去，新儒家却奋起，1958年元旦发表《中国文化与世界宣言》，由张君劢、唐君毅、牟宗三、徐复观四位学者签署，吁请西方抛开成见，以同情与敬意的态度理解中国文化，也可以向之学习圆而神的智慧。这一文献在当时完全受到漠视，不想由现代到后现代，现代西方文明历经两次世界大战，超强的美国打朝鲜战争、越战受挫之后，多文化主认思想流行，尖端知识分子对自家传统深信不疑的启蒙理性提出强烈质疑，孔子的命运也由"五四"、毛泽东搞"文化大革命"的时代彻底逆转，新儒家如今在大陆成为显学，在世界上也成为一个受到尊崇的精神传统。这样的发展固然令人感到兴奋，但再往前走，却出现了不利的因素，促使我们必须要做进一步的省思。

新儒家在现实上无立脚点，却在理想上有所坚持，在多文化主义流行之前就呼吁西方以同情与敬意的态度理解中国文化，这样的识见和勇气令人佩服。但牟先生诟病西方未能"见体"，斩钉截铁地宣告只有儒家得以体现常道，不像近代西方之沦为唯物。而中国哲学的智慧难觅解人，乃猛烈抨击天主教学者曲解孔子思想为一种篡夺，以至引起轩然大波。而牟先生在1990年"当代新儒学国际研讨会"发表主题演讲:《客观的了解与中国文化之再造》①,本意是要建立客观的学问,结果他强力批评前辈学者,包括老师熊十力,给人的印象好像只有他在做客观的学问,以至于引起一些非议。余英时在论乃师不是新儒家的长文中,甚至提出了"良知的傲慢"的问题,影射牟先生有教主的心态,这诚然是误解②。但牟先生的表述方式过于自信,很容易解读成排他主义的思想,以至于引起强烈反弹,乃是意料中事。第二代新儒家身当国破家亡之际,对自己热爱的文化有所承担,发为激越之词,是完全可以理解的。但朝鲜战争之后海峡两岸成为长期对峙之局,转归客观学术,正是学者包括牟先生在内的心愿,不想表述方式仍然引发强烈的情绪的激荡,这当然不是我们想要见到的情况。尤其进至新的千禧与新的世纪,如果过分突显自己的正统意识,对不同的传统,所谓他者,加以嬉笑怒骂,对于宗教与不同精神传统的交流对话必定形成负数,可以断言。

这样我们必须对牟先生作出双重评价。由儒家内部的观点看,牟先生对儒家由主体的心性通往生生不已的天道之体证真可谓鞭辟入里,举世无出其右者,此不待言。但为宗教和谐共处交流互济的目的,则牟先生那种近乎排他主义的表述必须加以重构,才可望进入一个新的阶段,而这正是下一代新儒家的重大任务。正因为如此我才说,对于儒学的探究,我们绝不能绕过牟宗三,而必须超越牟

---

① 牟宗三:《客观的了解与中国文化之再造》,收入《当代新儒学论文集:总论篇》,台北:文津,1991年,第1—19页。
② 参见余英时:《钱穆与新儒家》,《犹记风吹水上麟》,台北:三民,1991年,第31—98页。我撰长文予以回应,参见刘述先:《对于当代新儒家的超越内省》,收入《当代中国哲学论:问题篇》,新泽西:八方文化,1996年,第1—67页。

宗三。近年来我曾努力尝试赋予"理一分殊"以创造性的诠释，正是为了这个原因。在我参与推动全球伦理的过程中，我首先响应孔汉思的提议，对自己的传统作出严厉的批评。我一向主张传统的负担与资源一根而发。举例说，儒家有伟大的仁政的理想，但两千年来实现的却是专制的政体，于今对民主、自由、法治的向往要向西方取经。而由内在的心性通往超越的天道落实下来却成为"超越"蒙尘，堕落成为一个俗不可耐，像尼采所说"人性，太人性化"（human, all-too-human）的社会。反过来，孔汉思是天主教的神父，对中国文化并无深入的研究，但他却指出，通贯世界各宗教与精神传统的，并不是"上帝"（God）的信仰，而是对 Humanum（humanity 人性、人道）的坚持。而华裔学者陈荣捷（W. T. Chan）恰正把中文的"仁"字译为英文的 humanity 一词[①]。这说明世界文明不止"分殊"，也一样指向"理一"。没有人能够独占"理一"，也没人能够给予它完美的表达。此所以孔子从来没有尝试为"仁"下一个定义，他只是以各种具体的例证来指点"仁"。宋儒则以"生生"（creative creativity）释"仁"，无法将之片面地加以定著。这正是《老子》第一章"道可道，非常道；名可名，非常名"的境域，也恰好与西方的"否定神学"（negative theology）互相呼应。犹太学者科更（Michael, S. Kogan）指出，所谓"上帝的形相"（imago dei）即是无固定的形相[②]。上帝依自己的形相造人，也即意味着人与其他动物如猫狗之有

---

① Wing-tsit Chan, trans. and comp., *A Source Book in Chinese Philosophy*（Princeton, NJ: Princeton University Press, 1963）, p.15.

② Cf. Michael S. Kogan, "The Universal Declaration of a Global Ethic: A Jewish Response," in Swidler, *For All Life*, pp.105—118.

固定的形相不同，并没有固定的形相。这样的思想与儒家思想若合符节，依牟先生，儒家所谓"天命之谓性"（《中庸》）即以"创造性"（creativity）之内在化于人而为性，小宇宙（microcosm，人）与大宇宙（macrocosm，天）同构（isomorphism），展示了一种"天人合一"的境界。中国传统相信，有限可以通于无限，故王阳明讲天地万物一体之仁。然而"分殊"就不能不有限定性，孔孟、程朱、陆王、唐（君毅）牟（宗三）都是"分殊"，都有其限定性。没有人可以给予"理一"以完美的表达，我们只能向往"理一"的境界。它不是实现宇宙的构成分子，故不是"构成原则"（constitutive principle），而是我们向往的目标，乃是"规则原则"（regulative principle）。吊诡的是人只有空除"自我"（ego，孟子所谓"小体"），"灭人欲"，去除不合道理的欲望，"存天理"，才能体现"天人合一"的境界。而人在天理面前必定是谦卑的，才能像孟子所说的"上下与天地同流"（《尽心上》）。正因为如此，牟先生面对天理天道一样是谦卑的。当然，在另一方面，儒者也有"仁以为己任"（《论语·秦伯篇》）的负担，故孟子称赞曾子："自反而缩，虽千万人，吾往矣！"（《公孙丑上》）他自己就显英气，牟先生也显英气。但这不是儒家向往的最高境界，孔子体现"中庸"之道，才是我们的楷模。

孔子因材施教，从来不勉强改变一个人的方式，这在今日更有它的时代意义。牟先生深刻阐发儒家的意识，有他重大的贡献，但我们无须追随他那种睥睨万类、近似排他主义的表述方式。子张述他所闻，谓"君子尊贤而容众，嘉善而矜不能"（《论语·子张第十九》），就可以打开更为宽广的道路。亡友陈特，为唐先生弟子，也从学于牟先生，在香港中文大学崇基书院哲学系任教三十年。他既是基督徒，也有儒家的信守，因罹癌症于 2002 年逝世，对儒耶所教都有实存的体证。门人为他编印文集，有一篇比较儒耶的文章，他说：

> 基督教与儒家以及所有大宗教最后的目标与最终境界其实是一致的，都是超脱本能冲动与欲望的限制，使自己的生命突破个体的藩篱，与宇宙万物相感通，成就真正的自我。但基督教与儒家的进路显然不同，儒家是顺人自然之情："亲亲而仁民，仁民而爱物"，以至无极。基督教则看透人的本性的败坏与不可靠，因而要完全放下自己的一切，转而仰望上帝，从而获得新生的无穷的力量。①

然后抽引出他自己的结论：

> 儒家与基督教的进路哪一个更可取，现在大概可以有一个答案了，答案是完全因人而异。一个对现实世界有极大的爱，要将天国建立在现实的泥土上，同时有大魄力、大勇气、能披荆斩棘，不会为世界上的俗情六欲所牵扯的人，是儒家式的人物，适合走儒家的道路。但自认一无所是，凭依自己力量不足与世间上的引诱与压力相抗衡，必经舍弃世间的一切牵扯，全心全意投身在上帝的光照之下，才能够立定脚跟，做一个真正的人，那是基督徒式的人物，适合走基督教的道路。②

---

① 杨国荣编：《从人道到天道：陈特文集（下）》，香港：基督教文艺出版社，2005 年，第 257 页。
② 同上书，第 260 页。

陈特生前与牟先生关系紧密。牟先生会反对他这样的说法吗？我想不会。而我所以要引这样两段话，是因为这是用很粗浅的文字为"理一分殊"在今日提供了具体的例证。再进一步省察，难道我们这一代人的体证与牟先生那一代人真有那么巨大的差别而站立在对反的立场吗？那又并不尽然，我们尽可以在牟先生本人的说法之中找到资源，作出创造性的诠释来支持我们的说法。刚收到《鹅湖》月刊三月号，有牟先生的《先秦哲学》演讲录，论《周易》大义（1980—1981），这虽然不是他的学术论著，只是在香港新亚研究所的讲录，但随机演讲，颇流露了他的心声。① 他说：

> 儒家把 becoming process 看成是道德创造的过程，它是一个 cosmological process，同时就是一个 moral process。这个道体用《易传》的话说就是乾道。道体是一个怎么样的体呢？它就是一个创造性的实体嘛。用西方哲学的词语讲，它就是一个 creative reality。这个道体就是天道，说乾道也可以。说乾道是《易传》的说法、象征的说法，说天道就是落实地讲，实讲，就无所谓象征了。②

道体是"创造性自己"，这不能与一般意义的创造性混为一谈。牟先生曾作出分疏：

> 假如我说这个创造性是属于你的创造性、属于我的创造性，

---

① 牟宗三主讲：《〈原始的型范〉第二部分〈周易大义〉》，卢雪昆整理，《鹅湖月刊》总第381期（2007.3），第2—9页。

② 同上，第4页。

或者属于数学家的创造性、文学家的创造性，那不是我说的创造自己。那些创造性是有所隶属的。譬如说，文学家的创造性隶属于文学家，他创造什么呢？他创造小说。这是平常所说的创造，中文系的先生所谓的创造。文学家创造那些小说、作品。但他不能无所不造，这个创造不能是宇宙万物的本体。假定这个创造性是属于数学家的，那么数学家创造什么呢？譬如，这个人是数学天才，他可以在数学方面有所创造。但这个创造也不是我说的 creativity itself。那些创造是隶属到某一个特殊的能力、机能上的。文学天才、数学天才都是属于这个类的，每一个人的自然生命都有相当的创造性呀，创造完了就完了。这个地方不能说创造性自己，不能作为宇宙万物的本体。我们说创造性自己就是体，就是宇宙万物的体。不是写小说的体，也不是发明数学、电脑的那个天才。这个"体"就是儒家所说的天道，那就是说，这个创造性不是隶属于某一个 subject，某一个 faculty，它本身就是体。①

那么，中（儒）、西（耶）对"体"的不同的理解是什么呢？牟先生说：

> 照西方的想法，God 就是创造性自己。照平常的想法，把 God personify，说上帝创造天地万物，上帝有创造性，那么，你说这个创造性是隶属于上帝这个 subject。这是一个很笨的语言

---

① 牟宗三主讲：《〈原始的型范〉第二部分〈周易大义〉》，卢雪昆整理，《鹅湖月刊》总第 381 期（2007.3），第 5 页。

表示。严格讲,上帝并不是像我们一样成一个现成的 subject,这个 subject 有这么一个 function,有这个创造的作用,这个创造作用是属于上帝的。这个是你用人称的词语来说他。说穿了,……上帝除创造性以外没有任何内容。这个创造性就是个主体,所以,上帝就是创造性自己,他就代表创造性。你把它人格化,就名之曰 God,不把它人格化,就是道体。中国的传统就是不把它人格化,转成道体。西方的传统就是把它人格化,成为宗教。从宗教的立场去看,那就是人格化,人格化就成了 God。其意义一样。人格化是象征的方式讲,神话的方式讲。[①]

由此可见,牟先生并没有曲解基督宗教,他和后现代的神学家讲上帝之没有固定的形相,只是创造性自己,并没有什么不一样。但中国传统通过《周易》,却选择了一个完全不同的表示方式。牟先生说:

> 乾卦主要提出创造性的道体这个观念,从这个观念来看万物,看一切东西。所以说,cosmological order 就是 moral order。这个思想不是对于价值作存有论的解释,正好反过来,对于存在作价值的解释。价值的意识从哪里发呢?从主体发。这是儒家共许的意思。这是已经假定了的。价值意识的根源从哪里出呢?从孔子所说的"仁",孟子所说的"性善"的性,它从主体这里说。它这个已经是假定了,以这个作规准,他才能这

[①] 牟宗三主讲:《〈原始的型范〉第二部分〈周易大义〉》,卢雪昆整理,《鹅湖月刊》总第 381 期(2007.3),第 5 页。

样看宇宙。这明明是对于存在作价值的解释。所以，它是一个 moral metaphysics，这不是科学，这没有科学的根据。这也不是 dogmatic，不是像西方的 theoretical metaphysics 那样独断。①

很明显，牟先生断定，体证道体"理一"非知识所行境，科学的探究提不出答案。而道德的形上学也不是希腊式实体的形上学，那经康德的批判已经倒塌了。中国传统体证的是境界的形上学、实践的形上学。耶教对上帝的信仰是同一个层次的问题，但选择了宗教的、神话的方式讲，以至于有所睽隔。

三、论"坎陷"之为文化创造的普遍形式

但一讲到中西文化不同的精神传统，就已进入了"分殊"的领域。牟先生在这一次的讲录中对中国文化传统有很特别的讲法。他说：

> （乾）大《象》曰："天行健君子以自强不息。"这更明白了。你如何来了解乾卦呢？如何来了解"乾象"呢？"大哉乾元，万物资始。"你先从"乾象"来解释"天行健"，为什么"天行健"呢？创造性的实体永远创造嘛，所以它健行。天行是如此，我们人的生命也当该如此，所以说"法天"，这就是"天行健君子以自强不息"。

---

① 牟宗三主讲：《〈原始的型范〉第二部分〈周易大义〉》，卢雪昆整理，《鹅湖月刊》总第 381 期（2007.3），第 7 页。这里我必须指出，此处的"moral"（道德）是指"生生"的广义，而不是"伦理"的狭义。

所以,"天行健"是客观地讲,那么"君子以自强不息"是主观地讲。这就是儒家的基本精神,从古就是如此。没有人能够有其他的解释。《周易》分开有客观地讲与主观地讲,这也不是《周易》偶然凭空地发出来这样了解,在《周易》以前就这样了解。不单单是从儒家成立以后,发展到《中庸》、《易传》,到《周易·大象传》才说出这个话来,《周易》以前就有这个意思了。在哪个经典有这个意思呢?在《诗经》,就是"维天之命,于穆不已。于乎不显,文王之德之纯"(《周颂·维天之命》)。《中庸》就引这首诗来说明道体。①

再往上追溯,牟先生指出:

《书经》里《尧典》、《舜典》最代表中国的文化生命,那是最根源的地方。尧本人是不是如此,这是另一回事,而中国人自古就是这样体会,了解道德的人品,这就是代表一个传统,现实上有没有这个人,那是另一回事。但中国人是从这个线索上看人,这就成中国的文化传统。这个是我们现在所要注意的,不在于考证现实上的尧舜是不是如《尧典》《舜典》所说的那样。现实上的文王是不是这样,那不是问题的所在。②

由此可见,牟先生并无意要美化现实上的中国历史文化。尧、舜、文王对他来说成为象征符号,编织成为中国文化传统的理想。

---

① 牟宗三主讲:《〈原始的型范〉第二部分〈周易大义〉》,卢雪昆整理,《鹅湖月刊》总第381期(2007.3),第7页。
② 同上,第7—8页。

以前牟先生曾说我们所尊仰的孔子也有理想化的成分,却从来没有像这一讲录把圣贤理想由历史文化的现实提炼了出来,讲得这样露骨、明白,十分令人震撼。

"维天之命,于穆不已",是客观地讲;"文王之德之纯",是主观地讲,说文王也可以,说孔夫子也可以,说任何圣人都可以。这就是文化形态,它表现这个文化生命,表现它的智慧是在这个形态下表现、在这个方向下表现,这个代表方向。代表方向就是代表文化。现实上也没有十全十美的,就像后来所想的圣人那样的。这是表现生命、表现智慧的方向问题、形态问题。这就是你们现在所说的取向问题,……①

最重要的是,要和这个传统有所呼应!

所以,一方面客观地讲,一方面主观地讲,历来如此。儒家这个学问就这样开发出来。从《诗经》有《大雅·烝民》《周颂·维天之命》这两首诗,孟子引《大雅·烝民》,《中庸》引《周颂·维天之命》,文化生命就这么相呼应。……孔子的生命就与这个思想呼应,就与夏、商、周那个传统的文化模式的方向呼应。《中庸》《易传》是在孔子以后,它那个生命也自然相呼应,自然相契、若合符节,也没有误解的。

……宋儒出来的时候,周濂溪的生命与《易传》还是相呼应的。《中庸》《易传》与孔孟的思想、生命相呼应,孔孟的生

---

① 牟宗三主讲:《〈原始的型范〉第二部分〈周易大义〉》,卢雪昆整理,《鹅湖月刊》总第 381 期(2007.3),第 8 页。

命与作《诗经》这个人的生命相呼应。所以,他很自然,有黏和性。现在的人受西方的观念影响,把中国的东西都支解掉了,偶尔有一点也凑合不起来了,就是没那个呼应。

所以,我很重视存在主义所说的"存在的呼应"这句话。前圣后贤的生命互相呼唤。呼唤是新名词,老名词就是呼应。"存在的呼应"就是 existential calling,这是海德格尔的名词。了解一个东西要靠生命的呼应,没有生命的呼应不能了解呀。这种呼应就叫作"存在的呼应"。①

这就是牟先生所谓"生命的学问",天底下再没有人比他讲得更彻底的。此所以他一定要护卫中国文化的"道统",不可以让其失坠。但中国文化传统不只在现实上不是十全十美的,在理想上也不是十全十美的。用牟先生自己的话来说,中国文化传统富于"理性之运用表现",而缺乏"理性之架构表现",到了今天,中国文化要现代化,就必须作进一步的拓展,吸纳西方的科学与民主,建立"学统"(科学)与"政统"(民主)。中国传统未能像西方那样建立客观的学问的传统,事至显然,向西方学步,也无争议,此处不赘。但牟先生吁"开新外王",却引起许多误解,不能不在此略加澄清。依牟先生之见,中国传统只有"治道",而无"政道"。东汉光武以来崇尚吏治,政治为道德伦理之延长,主权在君,实行的是"民本"政治,从未像西方那样建立"民主"制度:主权在民,政教分离,建立权力制衡之机制,崇尚法治。中土仁政寄望于圣王,理想性高,实

---

① 牟宗三主讲:《〈原始的型范〉第二部分〈周易大义〉》,卢雪昆整理,《鹅湖月刊》总第381期(2007.3),第9页。

际上却出了不少专制帝王，缺乏制衡之道，以至两千年来成为一治一乱的局面。西风东渐，这才发现，必须由传统的差序格局改变成为牟先生所谓"对列之局"，才能避免威权体制的祸害。中国知识分子终于领悟到，传统的"内圣外王"实难一贯而下。故牟先生提议，道德理性必须经过"自我坎陷"（自我否定）的步骤，才可以走"曲通"的道路实现仁政的理想，由传统的民本转化成为现代"民治、民有、民享"的民主、自由、法治的社会。这就是牟先生所谓"开新外王"的意旨。① 不幸的是，很多人望文生义，误解牟先生主张由中国文化本身就可开出民主制度，这是毫无根据的诬枉，必须加以弹正。但我顺着牟先生这一条思路探索，就发现牟先生的思想也有不彻底的地方，下面就谈一谈我近年来认为必须有进于他的提议之处。

依牟先生之见，道德主体必须通过自我的坎陷或者否定才能开出客观的制度。光就这一点而言，我并无异议。我要指出的是"创造性自己"（理一）既如牟先生所言为创造的源头，就必须指向具体的文化的创造（分殊）。牟先生所强调的是，由受造的万物逆向回归"创造性"的源头，突显生生不已的天道，通过吾人的心性体现道体，王阳明所谓："无声无臭独知时，此是乾坤万有基。"在变异之中体现不易的"常道"，从此不再逡巡摇荡，这当然是重要的。然而"天命之谓性"，人作为创造的主体，要发挥天禀赋给我们的本性，不能只停留在境界的体证，而必须作具体的文化的创造，这就要进入到"分殊"的领域。"理一而分殊"，由分殊到理一，理一到

---

① 参见牟宗三：《政道与治道》，增订新版，台北：台湾学生书局，1980年。现收入《牟宗三先生全集》第十册，台北：联经，2003年。

分殊,这是同一个圆圈的两回环,缺一不可。宋儒张横渠谓:"一故神,两故化。"(《正蒙·参两篇》)一则"清通而不可象为神"(《正蒙·太和篇》)。具体的创造性则必须通过阴阳二气的激荡,《易·系辞》所谓:"一阴一阳之谓道,继之者善也,成之者性也。"周濂溪《太极图说》发挥的正是同样的意旨,他说:

> 无极而太极。太极动而生阳,动极而静,静而生阴。静极复动。一动一静,互为其根。分阴分阳,两仪立焉。阳变阴合而生水火木金土,五气顺布,四时行焉。五行一阴阳也,阴阳一太极也,太极本无极也。……二气交感,化生万物,万物生生,而变化无穷焉。惟人也,得其秀而最灵。形既生焉,神发知焉。五性感动,而善恶分,万事出矣。圣人定之以中正仁义而主静,立人极焉。

濂溪把汉儒自然的宇宙论转化成为牟先生所谓道德的形上学,蔚为宋明儒学的主流思想。到了今天,濂溪袭用的汉儒的宇宙论显已过时,需要加以解构。但"天道性命相贯通"的意旨却万古常新,天人、客主互依,双向回环正是千古卓识,而为当代新儒家所弘扬。

牟先生提出的"坎陷",颇有黑格尔的意味。"精神之在其自己"无声无臭,要作具体的展示必与自己对反,由无限而有限,自我设限转化成为客观对象,所谓"精神之对其自己",经过"客观化"(objectification),也即"坎陷"的步骤之后,才能建构主客圆成的精神世界,而体现"精神之在其自己与对其自己"。当然中国传统缺乏黑格尔正反合的演绎法,不至于过分凿实,削足就履,导致后世的反弹。但牟先生讲"坎陷"只限于直贯的"道德伦理"转化成为横列的"民主政治"一项,却未能充分把"理一分殊"所蕴涵的睿识展示出来,有必要进一步加以拓展,才可以把"创造性自己"与具体的"文化创造"有机地连贯起来。

我发现卡西勒的文化哲学就某一方面来说正是黑格尔"精神现象学"的进一步发展。[1] 他抛弃了黑格尔的演绎法与"绝对"的观念。人的认知不可以用模拟说来说明,我们必须接受康德所谓哥白尼的革命,是通过人的创造,建构了认知的对象。

卡西勒把康德的纯粹理性批判扩大成为了整个人类文化的批判。所有的"文化形式"(culture forms),如语言、神话、宗教、历史与科学,都是人通过符号的使用建构的"符号形式"(symbolic forms),正是创造客观化的结果。而人的意识不断创发,有一个长期演化的历程,由浑沦到"实体"(substance)概念以至于"功能"(function)概念的演变。他不用演绎的方式看人类文化的演变,搜集了大量经验的资料把它们编织起来,自然形成了一个演化的线索。早期人类文化,语言(文字艺术)与神话同根而生,由神话演化出宗教、艺术、历史的世界,由语言则演化成为科学的世界。由"知识现象学"(phenomenology of knowledge)的描绘,可以看到由古典物理学到相对论、量子论的演变,正是由"实体观"到"功能观"的演化。他不认为人类各文化形式可以化约成为同一实体,但

---

[1] 有关卡西勒思想的介绍,参见刘述先:《文化哲学的试探》,新版,台北:台湾学生书局,1985年;又参见刘述先译,卡西勒著:《论人:人类文化哲学导论》,桂林:广西师范大学出版社,2006年。在此书中,卡西勒以灵长类不能把握"符号"(symbol)的说法虽已过时,但黑猩猩不过四岁幼童的智力,符号使用仍是人类的特色,他定义人为"符号的动物",还是可以接受的看法。

所有的文化形式都必须使用符号建构不同取向的世界而显示了"功能的统一性"（functional unity）。这和我们中土所谓"理一"（创造）而分殊（文化形式）之旨所蕴涵的睿识若合符节。当然我们在今日对"理一分殊"（one principle, many manifestations）的理解与诠释也已不同于往昔，这也正是我近来努力求进一步的拓展，有别于上一代的新儒家如牟先生的展示的地方。

我近来愈加清楚地体认到，"理一"是非言意境的领域，道体不是可以用任何语言加以表达的，点到即可，只有默而识之，在我们自己的生命之中发生作用。在现实世界中，我们是文化的载体，"理一"只能理解为由康德到卡西勒这一条线索所理解的"规约原则"（regulative principle）。它不是系统内的"构成原则"（constitutive principle），故不是知识的内容，不能加以证明，却是我们在追求任何知识时不得不当作"基设"（postulate）的原则。卡西勒的思想当然不是没有缺点，他把科学当作最高的文化形式，却忽视了科学并不能作为我们的"终极托付"（ultimate commitment），而于"道统"的体证尚有一间之隔。他也并未穷尽所有文化形式的领域，譬如"道德"即是一例。而他只展示了各文化形式的功能统一性，现象学地描绘了人类文化演化的过程，但他并未涉及东西文化的比较与会合的问题，显然照顾得不够周延，未能直接面对当代文明冲突的危机，当然很不足够。但他在实际建构他自己思路的过程中，突显了"执两用中""对立统一"的规约原则，可以给予我们重大的启发。我近年来努力作各不同精神传统的比较和融通的工作，正好可以补足卡西勒在这方面的缺失，而展示出了前贤未能充分加以笼罩的视野。

通过"理一分殊"的睿识，正可以对西方源出亚伯拉罕的三大传统：犹太教、基督宗教与伊斯兰教，与东方的印度教、佛教、儒家以及道家的传统，存异求同，作出建构低限度的全球伦理的努力，寻求超克今日"不对话即死亡"的危机。①

在这样做的当儿，我们也就看出，为什么我们有必要转化牟先生的展示方式的原因。牟先生强调，中国儒家传统的理想是展示天壤间的"常道"，这是极为深刻的睿识。但牟先生并没有说，中国文化在事实上展示了这样的"常道"，那是我们所向往的理想，也是我们所应该遵奉的"规约原则"。在现实上，牟先生对传统其实有十分严厉的批判。正因为"仁政"的理想在现实的中国历史文化中并未实现，所以才要向西方取经，学习民主法治，开新外王。这就说明，在现实上，西方文化并非一无可取。而我顺着这条线索往前开拓，乃建议必须把"坎陷"当作文化创造的普遍形式，才能真正开拓我们的"学统"与"政统"。② 这就看到了在现实上中西文化平等互待的基础，各有所长，各有所短，尽可交流互济。而西方在理想

---

① 参见刘述先：《全球伦理与宗教对话》，特别是第六、七章：从比较的视域看世界伦理的宗教对话——以亚伯拉罕信仰为重点，与以东方智慧为重点；以及第八章：世界伦理建构的探索。

② 具体人类文化的创造乃是张横渠所谓"两故化"的领域，在乾道（创造原则）之外，还要强调坤道（保聚原则）。其实牟先生于1991年春在香港新亚研究所作《四因说演讲录》，卢雪昆录音整理（台北：鹅湖出版社，1997年）就在这方面有十分特别、令人震撼的说法。他说："在这个时代，你不要轻视这个'成'字，不要轻视坤元所代表的这个'成'。这个时代就是虚无主义。虽然你讲自由、民主、科学种种漂亮话，实质是虚无主义。无体、无理、无力……"（第39—40页）

又说："坤元代表终，代表成。你把握这个意思，然后读坤卦，一下子就明白了。乾元是创造原则，坤元是保聚原则。一定要有这两个成分，才能完成'元、亨、利、贞'的生成过程（becoming process）。"这些引文可以充分支持我把"坎陷"当作文化创造的普遍形式的阐释。

上也可认为中国文化未能彻法源底,如陈特所重视的存在主义基督教神学家祈克果(S. Kierkegaard)就说,人的意识发展是由审美的阶段(感性),到道德的阶段(德性),最后才到宗教的阶段(神性)。那么康德与中国传统至多只到第二阶段,而到最后,人必须作非此即彼(Either/Or)的存在抉择。① 而今日天主教的神学家虽坦承传统基督宗教文化的缺失,衷心愿意向东方学习,仍不弃其中心的信仰。孔汉思一样向往"理一",突显 Humanum(人性,人道)的规约原则,与我们所努力的方向一致。这样我们就明白,在今日的多元文化社会,必须由牟先生的展示方式转化到下一代如我们的展示方式,才有利于不同精神传统之间的交流互济,寄望超克文明冲突的危机,让地球与人类免于毁灭的命运。这就是我写本文想要表达的微意。

(宣读于 2007 年 5 月 25 日由东吴大学哲学系主办之"儒家哲学的典范重构与经典诠释"国际学术研讨会之主题演讲;载《鹅湖月刊》第 385 期,2007 年 7 月)

---

① S. Kierkegaard, *Either/Or*, translated by David F. Swenson(Princeton, NJ: Princeton University Press, 1987).

当代新儒家对西方哲学的回应

引　言

牟宗三先生首先提出儒家哲学三个大时代：先秦、宋(元)明、当代的说法①，由杜维明广布于天下②。我也接受这一说法，两部英文著作对此论旨有更进一步的阐发，读者可以参看③。2005 年我应香港中文大学邀请，担任第十八届钱宾四先生学术文化讲座：《论儒家哲学的三个大时代》，并撰写成书，已经出版④。先秦儒学最具有关键性的一个人物是孔子(551—479B.C.)。他回归周公制礼作乐的理想，但到春秋时代，礼崩乐坏，周文疲弊，诸子百家兴起，对此有所回应，儒家并无特殊地位。不意汉武用董生之策，所谓罢黜百家，独崇儒术，孔子竟被尊为素王，可谓异数！自此儒家成为朝廷意理

---

① 牟宗三：《道德的理想主义》，修订五版，台北：台湾学生书局，1982 年，第 1—2 页。
② Cf. Wei-ming Tu, "Confucianism" in *Our Religions*, ed. Arvind Sharma(New York: Harper Collins Publishers, 1993), pp.139—227. 文中讨论了 "Three Epochs of the Confucian Way"。
③ Shu-hsien Liu, *Understanding Confucian Philosophy: Classical and Sung-Ming* (Westport, Conn. and London: Greenwood Press [hardcover] and Praeger Publishers [paperback], 1988; *Essentials of Contemporary Neo-Confucian Philosophy* (Westport Conn. and London: Praeger Publishers, 2003).
④ 刘述先：《论儒家哲学的三个大时代》，香港：香港中文大学出版社，2008 年。

(state ideology)。而孔子"仁内礼外""天人合一"[①],更为中国文化的精神传统留下了源头活水,万世不竭。然而经历两汉经学、魏晋玄学、隋唐佛学,儒家虽为正统,知识分子对于二氏(老、释)却趋之若鹜,宋明理学兴起,正是针对此一情况之回应。南宋朱熹(1130—1200)号称集大成。他的《四书集注》由元代到清末废科举(1313—1905)为止,为考试必由的途径,对中国的士人影响可谓深远。到了清末民初,传统被谴责为一切反动、腐败、落后的根由。1919年五四运动爆发,狭义的政治活动背后是广义的文化革命的诉求,由全盘西化到一心一意的现代化,都以彻底摧毁传统为职志[②]。如果传统是正,西化是反,现代新儒学乃反之反,少数知识分子针对现代西方主流思潮彻底批判,向往一条儒学复兴的途径,开启了儒家精神传统第三个大时代的契机。但必须提醒的是,自废科举之后,儒家已由中心转到边缘,这就是现代新儒学所面临的处境[③]。

现代新儒学与当代新儒家

1986年大陆的国家教委"七五"规划,确定"现代新儒家思潮"为国家重点研究项目之一,为期10年,由方克立、李锦全主持,并

---

① 对于孔子思想的"一贯之道",下学而上达的充实而饱满的完整表述,参见刘述先:《论孔子思想中隐涵的"天人合一"一贯之道——一个当代新儒学的阐释》,本书第58页。

② Cf. Tse-Tsung Chow, *The May Fourth Movement: Intellectual Revolution in Modern China* (Cambridge, Mass.: Harvard University Press, 1960).

③ 刘述先:《从中心到边缘:当代新儒学的历史处境与文化理想》,收入《现代新儒学之省察论集》,修订一版,台北:"中央研究院"中国文哲研究所,2005年,第103—126页。

于 1987 年 9 月在安徽宣州首次开全国性会议①。经过广泛讨论，首先确定了一个 10 人名单：梁漱溟、熊十力、张君劢、冯友兰、贺麟、钱穆、方东美、唐君毅、牟宗三、徐复观。后来老一代补上了马一浮，较年轻一代则加上了余英时、刘述先、杜维明，最后还补上了成中英。因为一开始大家对"新儒家"并没有一个清楚的概念，过去也很少人用这一个词，所以澳洲学者梅约翰（John Makeham）认为，把"新儒家"当作一个学派，是 20 世纪 80 年代以后倒溯回去重新建构的结果②。这样的说法可以言之成理。现代新儒学在 90 年代忽然成为显学，甚至在西方引起回响。白安理（Umberto Bresciani）出版了第一部全面介绍与研究这一思潮的英文论著③。他接受了前面提到的 15 人名单。这份名单虽不很理想，却是海内外主流意见公认的名单。我就根据这一条线索加以修正，综合各家之说，提出了一个"三代四群"的架构④：

第一代第一群：梁漱溟（1893—1988），熊十力（1885—1968），马一浮（1883—1967），张君劢（1887—1969）。

第二群：冯友兰（1895—1990），贺麟（1902—1992），钱穆（1895—1990），方东美（1899—1977）。

---

① 参见方克立：《现代新儒学与中国现代化》，天津：天津人民出版社，1997 年。
② Cf. John Makeham, "The Retrospective Creation of New Confucianism" in *New Confucianism: A Critical Examination*, ed. John Makeham（New York：Palgrave Macmillan, 2003），pp.25—53.
③ Umberto Bresciani, *Reinventing Confucianism: The New Confucian Movement*（Taipei：Taipei Ricci Institute, 2001）.
④ 我是在 *Essentials of Contemporary Neo-Confucian Philosophy* 的书稿中，首先提出了"Three Generations and Four Groups"的架构。然后才写成中文，发表于刘述先：《现代新儒学研究之省察》，收入《现代新儒学之省察论集》，第 137—138 页。

第二代第三群：唐君毅（1909—1978），牟宗三（1909—1995），
　　　　　　　徐复观（1903—1982）。
第三代第四群：余英时（1930—　），刘述先（1934—　），
　　　　　　　成中英（1935—　），杜维明（1940—　）。

把这个架构与现代新儒家思潮的四波（four waves）发展配合起来看，就可以把握到这一思潮的脉动[①]。20世纪20年代新儒家对"五四"作出回应。40年代新儒家尝试创建哲学系统。60年代旅居港台的新儒家由文化的存亡继绝转归学术。80年代海外新儒家倡议与世界其他精神系统交流互济。这便是现代新儒家思潮发展的指向。

就20世纪来说，20年代是第一波，关键人物是梁漱溟与张君劢。促成这样变化的一个重要人物是梁启超（1873—1929）。梁虽不谙西文，但他熟悉日本方面的资料。他一向热衷介绍西方的观念，努力引进新的东西。但一次大战改变了他整个观点。所谓进步的西方反而造成了毁灭性的后果。他率团到巴黎参加和会，亲眼目睹欧洲的凋疲与残破，决不可以作为中国走向未来的模楷。他重新看到传统之中一些有价值的成分，在欧洲时撰写《欧游心影录》，发表于《时事新报》，影响到在国内的梁漱溟，与随团赴欧的张君劢，而打开了现代新儒学复兴的机运。

虽然美国学者艾恺（Guy S. Alitto）著书称梁漱溟为"最后的儒家"[②]，但后来才发现佛家才是他的终极关怀。更适当地说，梁是新

[①] 参见刘述先：《现代新儒学研究之省察》，收入《现代新儒学之省察论集》，第138—142页。
[②] Guy S. Alitto, *The Last Confucian: Liang Shu-ming and the Chinese Dilemma of Modernity*（Berkeley, CA: University of California Press, 1979）.

儒学的一位先驱人物[①]。他决非出身一个保守的家庭，从小读西文书，还雅好心理学。蔡元培欣赏他的一篇文章：《究元决疑论》，邀他到北大教唯识与印度哲学。1917年他去见蔡元培，就说要为孔子与释迦说几句话。梁进北大以后，与胡适、李大钊私交甚笃，思想上有了重大的变化。他此时认为，在年轻时不能讲解脱道，先要完成在世间的责任，然后才能出世。他的著作《东西文化及其哲学》于1922年出新版[②]，一时洛阳纸贵，引起广泛之回响。他把问题放在整套文化哲学的架构下来考虑。他认为人类基本上有三种意欲：西方文化是以意欲向前要求、中国文化是以意欲自为调和持中、印度文化是以意欲反身向后要求为其根本精神的。他感觉到印度与中国文化有"早熟"的毛病。中国在现阶段要毫无保留地全盘西化，才能免于亡国灭种的危险。但一个阶段以后，就要转趋中国重视社会和谐的文化。最后人终不能避免生死问题，乃有必要皈依印度的解脱道。梁所提出的观念尽管粗疏，但他在西潮席卷之际，几乎同步率先肯定中国文化的价值，还倡言以后西方文化也要走孔子的道路。大陆政权更替之后，经历"文革"，在逆境中以具体行为展现了一个儒者的风骨。就现代新儒家思潮的发展而言，不能不推崇他为开风气人物的地位。

1923年张君劢挑起了所谓的科玄论战[③]，其思想的根源与梁漱溟是一样的。除了回归中国传统之外，他们都倡导"直觉"

---

① 参见王宗昱：《梁漱溟》，台北：东大图书公司，1992年。
② 梁漱溟：《东西文化及其哲学》，上海：商务印书馆，1922年。
③ Cf. D. W. Y. Kwok: *Scientism in Chinese Thought, 1900—1950*(New Haven and London: Yale University Press, 1966).

(intuition)。但直觉的观念是模糊的，有偏向主观之嫌。与张君劢同团赴欧同住一室的好友丁文江攻击他为玄学鬼。后来许多学者参与辩论，声势对反科学的一方甚为不利。其实丁文江背后的立场是一套科学主义（scientism），并不是科学（science）本身。这一场笔战的水平并不高，可谓情胜于理。事后检讨，张君劢怎么可能反科学，其实他指出人生的意义与价值问题不能由科学来解决是不错的。

40年代是第二波，日寇以为用强势兵力可以迅速灭亡中国。哪知在最艰困的环境之下，中国下决心长期抗战，知识分子随政府迁大后方，也有出乎意料的表现。冯友兰《中国哲学史》早就肯定了孔子的历史地位。1938年在播迁途中撰写并出版了《新理学》（长沙：商务印书馆，1939），接着又出了另外5本书，所谓"贞元六书"，援《易》"贞下起元"之意，建构了他的哲学系统。他的新理学接着朱子讲，被视为持正统派的观点。但他在清华的同事贺麟即批评他只谈朱子的理气论而不及其心性论是根本的缺失，并预言儒学未来的前途在陆王心学的复兴。他并首次正式提出，"新儒家"思想的发展，将是中国现代思潮之主潮[①]。

贺麟的预言是在一种完全未预料的方式之下应验了。第一代第一群的熊十力把他著的《新唯识论》文言本翻译成白话，内容大事增补。1944年由重庆商务印书馆出版，被中国哲学会列为《中国哲学丛书甲集》第一部著作，立刻被誉为最有原创性的哲学著作。而当时弟子从游者众，包括第二代新儒家的三位代表人物：唐君毅、

---

① 参见贺麟：《儒家思想的新开展》，《思想与时代》创刊号（1941年8月）。此文收入贺麟：《文化与人生》，上海：商务印书馆，1947年。但他本人并未建构新心学的系统。

牟宗三、徐复观。这书是一块里程碑，开启了精神上的新天地，发生了深远的影响，使他成为狭义当代新儒家的开山祖师。

60年代是第三波，1949年中国适逢有史以来最大的变局，多数学者选择留在大陆。只张君劢去美国；钱穆、唐君毅迁居香港；方东美、牟宗三、徐复观则随国民政府迁台。不想1950年朝鲜战争爆发，海峡两岸成为长期对峙之局。他们乃由激越的文化之存亡继绝，转上了冷静的学术研究的道路。1958年元旦发表《中国文化与世界宣言》，由唐君毅、牟宗三、徐复观、张君劢4人签署，此后成为了狭义当代新儒家的标志。第二代新儒家在有生之年不断发表皇皇巨著，把中国哲学思想在学术上带上了前所未有的高度与深度。方东美也完成了他论中国哲学的英文巨著，钱穆则出版了他的《朱子新学案》的伟构。他们并传道授业，教出了下一代的弟子，薪火相传，为新儒家放一异彩。

80年代是第四波。美国自朝鲜战争、越战以后无复往日的自信，知识分子的批判意识上升，随着黑人争人权、平等待遇的趋势，多文化主义思想流行，而70年代亚洲经济起飞，令全世界刮目相看，四小龙（港、台、新、韩）与日本都有新儒家背景，有必要重新估价儒家文化。第三代新儒家由港、台流寓海外，受西方学术训练，并谋求一枝之栖。到了80年代，学术渐渐成熟，站在中国文化的立场发言，即使儒门淡薄，也仍然在西方的多元架构里，在世界众多精神传统之中站稳一席地，与其他传统相互颉颃、调和共存，交流互济，获得了前所未有的国际视野[1]。

---

[1] 白安理即以"国际化"（internationalization）一词形容海外第三代新儒家的特征，Cf. Umberto Bresciani, *Reinventing Confucianism: The New Confucian Movement*。

由此可见，"制度的儒家"（institutional Confucianism）虽在清朝覆亡画下句点，但现代新儒学迅速复兴，因为恢复的是"精神的儒家"（spiritual Confucianism）①。同时现在大家普遍承认，现代新儒学有广义和狭义两条线索。广义的了解意谓，凡肯定儒家的一些基本观念与价值通过创造性的阐释有其现代意义者，都可纳入这范围。三代四群所论均包括在内，故大陆流行"现代新儒学"（Contemporary New Confucianism）一词。但港、台、海外另有一条狭义的"当代新儒家"（Contemporary Neo-Confucianism）的线索。此以1958年元旦发表的《中国文化与世界宣言》为基准，强调"心性之学"为了解中国文化传统之基础，上溯到唐、牟、徐三位之师熊十力为开祖，而下开港、台、海外当代新儒家的思潮②。很清楚的，钱穆、余英时属于现代新儒学的范围，不属于狭义当代新儒家的统绪③。这次会议主题明显的是以第二代的唐、牟为主，辅之以第三代

---

① "现代新儒学"一词含有歧义，我习惯采用一种三分法：在"精神的儒家"之外，还有"政治化的儒家"（politicized Confucianism）、"民间的儒家"（popular Confucianism），此处未便申论。读者有兴趣，可参见刘述先：《儒学的理想与实际——近时东亚发展之成就与限制之反省》，收入《儒家思想意涵之现代阐释论集》，第121—150页。
② 参见刘述先：《现代新儒学研究之省察》，收入《现代新儒学之省察论集》，第131—132页。
③ 这一统绪可以简述如下。狭义当代新儒家的线索以梁漱溟、张君劢为先驱人物，熊十力为开祖。第二代的三大弟子唐、牟、徐在精神上虽由熊开启，学问的建构并不用熊的方式。有趣的是，唐、牟虽从未留学，却主攻西方哲学，然后回归传统，阐发与开拓新境界。徐则留学日本，打开思想史的新视野。60年代第三波，唐君毅在香港新亚书院，成为新儒家的一个中心。徐复观则邀牟宗三到台中东海大学，成为新儒家的第二个中心，刘述先是青年教师，杜维明则是学生。以后新亚书院归并入香港中文大学，牟、徐、刘也陆续加入中大。杜维明则在美国，入主哈佛燕京社，是在海外推动新儒家最有力的一个人，一直到近年由哈佛退休为止。读者想对这一思潮有比较详细的了解，可参见刘述先：《论儒家哲学的三个大时代》，第三部分"现代新儒学"。

刘、杜的国际面相,才能阐明当代新儒家对西方哲学的回应。

如上所述,熊十力不谙西文,故不是这次会议的主题。但这不是说他和西方哲学就毫无关联。流行的西方哲学早已大量介绍进中国。他自己建构哲学系统,即有比较哲学的背景。新论开宗明义,就作出了"量智"和"性智"的分别。"量"的观念来自印度哲学,意思是认知的方法。印度哲学肯认四种认知方法:熊以"量智"包含"现量"(指感官知识),"比量"(指逻辑推理),"性智"包含"譬喻量"(指类比),"圣言量"(指圣者的体证)。可见熊的"性智"相当于圣言量的层次。但在中国传统,圣凡无别,人人都有与生俱来的"良知",由孟子到阳明一贯如此。建筑在现比量的经验知识向外追逐,可以建立科学。但量智的构画不能"见体",无法把握形而上的真相。这一点他始终坚持,晚年的《原儒》(1956)有曰:"余平生之学,不主张反对理智或知识。而亦深感哲学当于向外求知之余,更有凝神息虑、默然自识之一境。"[①] 量智和性智之间有一种辩证的关系,一旦体证性智,则量智莫非性智之发用。如此科学、哲学分别有其定位。熊的主要关注无疑在形上学方面,其论旨可以归结成为:"体用不二""翕辟成变"。熊借助于《易》的"翕""辟"来阐明他的思想。道体生生不已,翕以成物,不期而然产生一种惰性,这就需要辟,重新回返刚健不已的生道。翕有物质的倾向,辟显示精神的作用,熊以"物""心"为同一本体展示出来的两种相反相成的"用",不能上升成为"体"。故他不赞成唯物论或唯心论。就比较哲学而论,西方偏科学,东方偏形上学。大陆政权更替之后,熊

[①] 熊十力:《原儒》,香港:龙门书店重印,1970年,第7页。

仍坚持己见，拒绝接受唯物论，堪称异数。而他论"量智"与"性智"的睿识为二大弟子唐、牟所继承，虽然他们已采取完全不同的表述方法。

唐君毅之心通九境的哲学大系统

就当代新儒家而言，唐君毅、牟宗三无论讲哲思、学术、文化的推展，均可谓登峰造极，其表述方式不可能同于熊十力，乃势所必然之事。他们这一代的使命即深入西方哲学的堂奥，批判其偏失，撷取其精华，回归中国传统，作出新的综合。这正是他们应有的回应。

60年代第三波，唐君毅逃难到香港，书籍尽失，多凭记忆，奋力著《中国文化之精神价值》一书，自序有云：

> 余在当时（1935），虽已泛滥于中西哲学之著作，然于中西思想之大本大源，未能清楚。……对中国哲学思想，唯于心之虚灵不滞、周行万物一义，及自然宇宙之变化无方、无往不复二义，有一深切之理解。……又受新实在论批评西方传统哲学中本体观念之影响，遂对一切所谓形而上学之本体，皆视为一种抽象之执着。故余于中国文化精神一文，开始即借用"神无方而易无体"一语，以论中国先哲之宇宙观为无体观。此文初出，师友皆相称美。独熊先生见之，函谓开始一点即错了。……唯继后因个人生活之种种烦恼，而于人生道德问题，有所用心。对"人生之精神活动，恒自向上超越"一义，及"道德生活纯为自觉的依理而行"一义，有较真切之会悟。遂知人之有其内在

而复超越之本体或道德自我。乃有《人生之体验》、《道德自我之建立》二书之作。同时对熊先生之形上学,亦略相契会。时又读友人牟宗三先生论逻辑书,乃知纯知之理性活动为动而愈出之义,由此益证此心之内在的超越性、主宰性①。

这篇序确定了当代新儒家由熊先生到唐、牟的统绪。1958年元旦发表的《中国文化与世界宣言》即由唐先生起草②。宣言呼吁西方的汉学不能像传教士、考古学家或现实政客那样看中国文化,而应该对之有温情与敬意,深刻了解其心性之学之基础。中国文化也的确有其限制,必须吸收西方文化的科学与民主。但西方文化也可以向中国文化吸收"当下即是"的精神与"一切放下"的襟抱;圆而神的智慧;温润而恻怛或悲悯之情;使文化悠久的智慧;天下一家之情怀。这篇宣言在当时虽然没人理会,后来却被视为当代新儒家的标志。

唐先生晚年著卷帙浩繁的《中国哲学原论》,细析中国哲学之内涵与源流。本文仅能举其一例,收在《导论篇》的第一篇文章《原理》,完成于1955年,颇有典范意味③。唐先生提出"理"之六义的说法:(一)文理;(二)名理;(三)空理;(四)性理;(五)事理;(六)物理。唐先生以清儒言训诂明而后义理明,而他辅之以义理明而后训诂明,他结合思想发展与概念分析的方法以烘托出他的系统哲学的考虑。"理"在先秦并不是一个重要的概念,古代的

---

① 唐君毅:《中国文化之精神价值》,台北:正中书局,1953年,第1—3页。
② 此宣言收入唐君毅:《中华人文与当今世界》二册·下册,台北:台湾学生书局,1975年,第865—929页。
③ 见《唐君毅全集》,共三十卷,由台北台湾学生书局出齐。

理学依清儒的考据指的是玉的纹理。但唐先生指出治玉乃是人的文化活动。而儒家要建立人文秩序，由孔子以来即讲正名。对于名言的辨析在战国时代发展了名家思想，比较像希腊的辩士，没有发展出形式逻辑的系统。到了魏晋，有"名理"与"玄理"合流之势。有关名理的辨析并非中国哲学的主流。隋唐佛学大盛，所彰显的是"空理"。宋明理学正是针对玄学与佛学的挑战而兴起的新儒学，发展了"性理"之学："天道性命相贯通"，自朱熹以来成为中国文化的主流，殆无疑义。但明末王学虚玄以荡，情识而肆，造成巨大流弊。明末诸儒如顾亭林、黄梨洲等莫不注重实事。王船山以史为鉴，强调"理寓于事"，而彰显了"事理"的观念。到了现代，西方逼迫我们改变了传统的方式，努力学习"物理"（自然科学的代名词）。唐先生乃以这样的方式阐明了"理"之各种不同的涵义，发展的机缘，以及分别应有的定位。在《原论》之后，唐先生完成了最后一部大著：《生命存在与心灵境界》，建立了一个心通九境的大系统。他的弟子李杜有一撮述如下：

> 此书以人的整个生命存在为先在，由此去了解人的种种不同的心灵活动。于不同的心灵活动中分别出不同的观法。此即横观、顺观与纵观。又相应于不同的观法以说不同的所观。此即为心灵所观的对象。此所观或对象可或为体或为相或为用的不同表现。此不同的体、相、用并可为心灵所对的客观存在事物，亦可为心灵自身的主观活动，亦可为超主客境界的心灵的向往。因此以不同的体、相、用三观相应于客、主与超主客三界即发展出心灵活动的九境：（1）万物散殊境；（2）依类成化

境;(3)功能序运境;(4)感觉互摄境;(5)观照凌虚境;(6)道德实践境;(7)归向一神境;(8)我法二空境;(9)天德流行境。此九境由心灵依不同的观点而显,故皆为心灵所涵摄。①

唐先生最后归宗于儒家的天德流行境,可见其哲学之归趋。他的思想表述深受黑格尔影响,但没有黑格尔归向绝对精神过河拆桥以及为了迁就辩证法的架构而削足就履的毛病。牟先生悼唐时曾誉之为文化意识宇宙中之巨人,可谓知言。

牟宗三对于智的直觉的肯定

牟先生可能是当代新儒家之中最富原创性的思想家。他在北大读书,得不到文学院长胡适的赏识,却和熊十力先生有缘。大三时有一次在熊先生寓所,听到冯友兰谓"良知"是个"假设",熊先生直斥以为不当,谓"良知"乃是"呈现"。这是霹雳一声,震醒了宋明理学自清代以来失坠的学脉②。牟先生不似唐先生博学,直承是通过唐先生才明白黑格尔唯心论的意义。他在年轻时的中心关注在逻辑和知识论方面。但他不满意当代形式主义、约定主义的解释,更反对辩证唯物论的思想,而回归康德,由所归能,建立"知性主体",著《逻辑典范》(1941),与唐先生建立"道德主体"互相呼应。后来又重新改写,完成了《认识心之批判》两

---

① 李杜:《唐君毅先生的哲学》,台北:台湾学生书局,1982年,第59页。
② 牟宗三:《生命的学问》,台北:三民书局,1970年,第136页。

大卷,其序言有曰:

> 当吾由对于逻辑之解析而至知性主体,深契于康德之精神路向时,吾正朝夕过从于熊师十力先生处。时先生正从事于《新唯识论》之重写。辨章华梵,弘扬儒道。声光四溢,学究天人。吾游憩于先生之门十余年,薰习沾溉,得知华族文化生命之圆融通透,与夫圣学之大中至正,其蕴藏之富,造理之实,盖有非任何歧出者之所能企及也。吾由此而渐浸润于"道德主体"之全体大用矣。时友人唐君毅正抒发其"道德自我之建立"以及"人生之体验"。精诚恻怛,仁智双彰。一是皆实理之流露,卓然绝虚浮之言谈。盖并世无两者也。①

由此可见,熊十力是唐、牟共同的精神源泉。牟发现西方所长是理性的架构与外延的表现,具现于科学与民主的成就;中国所长在理性的运用与内容表现,其核心在圣学,内圣方面的体证有其殊胜之处,外王方面的开展则有虚歉不足之弊。故必须返本开新,通过自我的扩大,拓展开一条更宽广的道路。由此而发展出所谓"三统"之说②:

(一)道统之肯定:肯定道德宗教之价值,以护住孔孟开辟的人生宇宙之本源。

(二)学统之开出:由民族文化生命中转出"知性主体"以融纳希腊传统,开出学术之独立性。

---

① 牟宗三:《认识心之批判》,二册,香港:友联出版社,1956—1957年。此书填补了熊先生新论只作成境论,未能完成量论的遗憾。序言写成于1955年,见上册,第5页。
② 牟宗三:《道德的理想主义》,第260—262页。

（三）政统之继续：认识政体发展的意义，以肯定民主政治之必然性。

60年代以来，牟先生著作宏富①，出版《道德的理想主义》(1959)，《政道与治道》(1961)，力抗"无体、无理、无力"之时潮。朝鲜战争爆发之后，转归学术，出版专著：《才性与玄理》(1963)论魏晋玄学；《心体与性体》三大卷(1968—1969)，《从陆象山到刘蕺山》(1979)论宋明理学；《佛性与般若》两大卷(1977)论隋唐佛学。晚年通过中西哲学的比论阐明中国哲学所蕴涵的睿识，著《智的直觉与中国哲学》(1971)，《现象与物自身》(1975)，最后一部《圆善论》(1985)也是通过康德论"圆善"(Summum Bonum)的线索，抉发中国哲学的睿识。如今有好几个德国博士论文写他的反思，堪称异数。第二代新儒家他最长寿，又善于宣讲，出版《中国哲学十九讲》(1983)，《中西哲学之会通十四讲》(1990)等，都有广泛的影响。

牟先生思想最富条理与系统性，这由他改释唐先生提出来的"理"之六义即可看见。经过他的调整，"理"之六义如下②：

（一）名理（形式逻辑）；（二）物理（自然科学）；（三）事理（人文学科之逻辑）；（四）玄理（魏晋玄学之睿识）；（五）空理（隋唐佛学之睿识）；（六）性理（宋明理学之睿识）。

牟先生认为，"文理"的观念不清晰，也不能构成一个领域，

---

① 《牟宗三全集》三十二卷于2003年由台北联经出版。有关牟先生的生平与著述，参见蔡仁厚：《牟宗三先生学思年谱》，台北：台湾学生书局，1996年。

② 参牟宗三：《心体与性体》，三册·第一册，台北：正中书局，1968—1969年，第3—4页。我又作了进一步的调整，"事理"本来在最后，我将之移到"物理"之后，则系统性更能够彰显出来。

故予弃置。前两项的列出，明显的是受到逻辑实征论（Logical Positivism）的影响，二者具备有所谓的"认知意义"（cognitive meaning）。"人文学科"（humanities）不似"自然科学"（natural sciences）之重"归纳"（induction）之取同略异，转取"同情之理解"（sympathetic understanding）之存异求同。牟晚年著三书进入了中土三教超越名相"智的直觉"（intellectual intuition）的领域。牟读海德格尔对康德的阐释而引发了自己的思路①。他认为儒、释、道均肯定智的直觉，不似康德囿于基督教传统，把智的直觉归之于上帝。依他的看法，康德把人的知识限制在现象世界以内，被锁在因果决定的锁链中，则"意志自由"只能当作不得不有的"基设"看待。故牟认为，康德只能建立"道德底形上学"（metaphysics of morals），不能建立"道德的形上学"（moral metaphysics）。回到中国儒家传统，牟借助于张横渠的《大心篇》说明，人虽是有限的存在，但不为"见闻"所囿，而可以通于无限。由"德性"所知，即可以上通天德。可谓小宇宙（microcosm）与大宇宙（macrocosm）有互相感应的关系。当然这里所说的不是人禽之别的德，否则这里就有泛道德主义之嫌，而是指天地生生之德，只有人的觉识可以上通于天，才有孟子所谓万物皆备于我的感受。

牟的《圆善论》讨论"德福一致"的问题。康德基督教的背景

---

① Martin Heidegger, *Kant and the Problem of Metaphysics*, trans, James S. Churchill (Bloomington: Indiana University Press, 1962). 海德格尔的《存有与时间》（Being and Time）发展了一套"现象存有论"（phenomenological ontology），牟以之为一种"内在形上学"（immanent metaphysics），仅达初阶，未能接上"超绝形上学"（transcendent metaphysics）的睿识。然而晚年的海德格尔有所转变，有进一步的发展，但似近于道家的睿识，而非牟所归宗的儒家的睿识。

使他不只要作"意志自由"的基设，还要作"灵魂不朽"与"上帝存在"的基设。因个人在此生所种因不可能在现生完全得到报应，故必须肯定来世；而善有善报，恶有恶报，不能不预设一位全知全能的上帝存在作为保证。但由儒家传统来看，二者乃是没有必要的基设。《左传》所谓"立德""立功""立言"三不朽，并不需预设个体灵魂之不朽；而《史记》所谓"天道无亲，常与善人"，也不需保证善恶果报。儒者行所当为，甚至可以杀身成仁，舍生取义，一样可以心安理得。牟认为这是儒家传统的"自律"与基督宗教传统的"他律"之间的差别。而孟子讲良知良能，到王阳明的四句教，必进一步发展到王龙溪的四无教，这是儒家思想中的圆教形态。盖儒者无论现实的遭遇如何，终必可以达致"德福一致"的境界，而解决了康德提出的"圆善"问题①。

牟并相信，不只儒家肯定智的直觉，道佛亦然。"现象"与"物自身"不可偏废。像《大乘起信论》那样"一心开二门"，即可以找到会通中西的津梁。盖西方文化成就"执的存有论"（ontology with adherence），中国文化成就"无执的存有论"（ontology without adherence），二者分别有其定位。无限心的"坎陷"才能成就知识，而道的体认必须超越名相。但心灵的解放与超脱并不需要逃离世间。天台"法性即无明"的睿识可以给与吾人重大的启发。牟认为西方有三大哲学传统：柏拉图、莱布尼茨与罗素、康德。然而只有

---

① 我并不认为牟先生解决了康德的问题。康德是"实有形态"的思路，故善恶果报需上帝给与外在的保证。而儒者是"境界形态"的思路，如文天祥从容就义，所谓"鼎镬甘如饴"。但就外在看来，是"善有恶报"，德福未能一致。牟先生和康德是两条不同的思路。儒者以自己的思路为优胜，基督教徒却会有十分不同的想法和评价。

通过康德才可以找到会通中西的道路。牟的系统体大思精，旗帜鲜明，既可以提升人的意识，但也引起了巨大的争议。

第三代新儒家的国际面相

属于当代新儒家统绪的第三代学者是刘述先（我自己）与杜维明。1958年我应聘到东海大学教通识，在宋明理学方面受到牟宗三深刻的影响，对于思想史的研究则受到徐复观的启发。一般认为牟门弟子蔡仁厚对老师所教是"照着讲"，以牟宗三为父执的刘述先则是"接着讲"。我亲眼目睹《中国文化与世界宣言》起草的过程，对于宣言倡议的原则与精神有深刻的共鸣，并以自己所学给与不同的阐发，对于第二代新儒家的过分激越的态度略加调整。到了80年代，我和杜维明参加了一系列的国际中国哲学、儒耶交流的会议。时势转移，各精神传统都有重大的变化，强调存异求同，交流互济。如此不可能像牟宗三那样斩钉截铁宣称，只有中国文化得以体现终极的中道，这明显的不利于各精神传统之间有建设性的对话的机缘。故刘述先提议给与"理一分殊"以创造性的阐释[①]。我认为没有一个文化可以独占"理一"，儒家历代已表达出来的道理无论孔孟、程朱、陆王、唐牟已经是"分殊"的领域而有其局限性，但都指向"理一"这样具有普世意义的超越的"规约原则"（regulative principle）。值得欣慰的是，西方人也有同样的指向，像孔汉思即明

---

① 参景海峰编，刘述先著：《理一分殊》，上海：上海文艺出版社，2000年。

白宣称,以 Humanum(人性,人道)为贯通各精神传统的共法[①]。孔汉思是天主教神父,其传统虽异,所推动的"人道"却与孔子以来儒家阐扬的"仁道"若合符节。反过来,儒家思想中固然有万古常新的部分,也有与时推移的部分,故不可固执成见,必须强调儒家思想的开放性与批判意识。刘述先又畅论传统的资源与负担一根而发,近年致力于由"理一分殊"的再阐释在绝对主义与相对主义、一元论与多元论之外找到第三条路。

最后要讲杜维明。他在东海受教于牟宗三和徐复观,年轻时即以第三代新儒家自任。他在哈佛提交的博士论文由心理学认同的角度去阐发王阳明立志追求成圣成贤的探索过程。他的终极关怀与"道""学""政"的三分架构均承自牟宗三。而他勇于吸收新观念,认为由现代到后现代,不但不会使儒家的睿识过时,反而有新的发展的可能性。他在重视个人的"体知"之外,也着重文化在实际上的表现。70年代以来,亚洲四小龙创造了经济奇迹,连同日本,都有儒家的背景,引起了世界的注目与兴趣。而西方的知识分子猛批启蒙理性的霸权,必须在文化上另谋出路。现代化不只西方一途,而科技商业文明的过分膨胀已然弊害百出。杜维明极力推扩"文化中国"的理想。这不只可以包容海峡两岸、东南亚,以及海外的华人,甚至可以包括同情中国文化理想的洋人,一样可以具现中国文化的价值。这才突破了儒、耶对话的故域,开启了波士

[①] 参刘述先著:《全球伦理与宗教对话》,台北:立绪,2001年;简体字本,石家庄:河北人民出版社,2006年。

顿儒家的机运[①]。白诗朗（John H. Berthrong）即倡导"多重宗教认同"的可能性[②]，是以往难以想象的情况。作为华裔知识分子，杜维明努力维持开放的态度，立足本位，与其他精神传统展开对话，以寄望于未来。

结　语

第三代的新儒家还在发展之中，未能作成定论。当然第三代也不只是彰显一国际面相。港、台新儒家与开放以后的大陆学术交流，激起了新的火花。一个具体的例证是，2005年在武汉大学举行第七届国际当代新儒家会议，由武汉大学哲学院与台湾《鹅湖》杂志集团联合主办，提出近100篇论文，有200位以上学者参加，盛况空前。而现代新儒学也不会到第三代划然而止，目前已有一些关于第四代的讨论，这些已超过我准备的讨论范围以外。

本文的任务已完成，就到这里结束。

（第九届当代新儒学国际学术会议"当代新儒家与西方哲学"主题演讲，香港中文大学等主办，2011年12月6日）

[①] 哈佛在波士顿查理士河的北岸；波士顿大学在对面的南岸，当时神学院的院长是南乐山（Robert Cummings Neville），副院长是白诗朗（John H. Berthrong）。哈佛重"仁"，波士顿大学重"礼"，分属波士顿儒家的两个支脉。Cf. Robert Cummings Neville, *Boston Confucianism: Portable Tradition in the Late-Modern World*（Albany: State University of New York Press, 2000）。杜维明曾为此书作序，书中并有专节讨论杜维明的思想。

[②] Cf. John H. Berthrong, *All under Heaven: Transforming Paradigms in Confucian-Christian Dialogue*（Albany: State University of New York Press, 1994）.

附录 专书目录

刘述先:《语意学与真理》,台北:广文书局,1963年。

——《文学欣赏的灵魂》,修订版,台北:东大书局,1977年。(初版,香港:人生出版社,1960年。)

——《马尔劳与中国》,香港:香港中文大学,1981年。

——《文化哲学的试探》,新版,台北:台湾学生书局,1985年。(初版,台北:志文出版社,1970年。)

——《生命情调的抉择》,新版,台北:台湾学生书局,1985年。(初版,台北:志文出版社,1974年。)

——《中国哲学与现代化》,新版,台北:时报文化,1986年。(初版,台北:时报文化出版社,1980年。)

——《文化与哲学的探索》,台北:台湾学生书局,1986年。

——《新时代哲学的信念与方法》,修订版,台北:台湾商务印书馆,1986年。(初版,台北:商务印书馆,1966年。简体字版,武汉:湖北教育出版社,2005年。)

——《黄宗羲心学的定位》,台北:允晨出版社,1986年。(简体字修订新版,杭州:浙江古籍出版社,2006年。)

——《中西哲学论文集》,台北:台湾学生书局,1987年。

——《大陆与海外——传统的反省与转化》,台北:允晨出版社,1989年。

刘述先著,景海峰编:《儒家思想与现代化——刘述先新儒学论著辑要》,北京:中国广播电视出版社,1992年。

刘述先:《理想与现实的纠结》,台北:台湾学生书局,1993年。

——《传统与现代的探索》,台北:正中书局,1994年。

——《朱子哲学思想的发展与完成》，增订3版，台北：台湾学生书局，1995年。（初版，1982年。修订再版，1984年。）

——《哲学思考漫步》，台北：三民书局，1995年。

——《当代中国哲学论：人物篇》，美国：八方文化企业公司，1996年。

——《当代中国哲学论：问题篇》，美国：八方文化企业公司，1996年。

——《永恒与现在》，台北：三民书局，1997年。

——《新儒学的开展》，台中：东海大学通识教育中心，1997年。

Liu, Shu-hsien: *Understanding Confucian Philosophy: Classical and Sung-Ming.* Westport, Conn., London: Greenwood Press (hardcover), Praeger Publishers (paperback), 1998.

刘述先：《儒家思想之现代阐释论集》，台北："中央研究院"中国文哲研究所筹备处，2000年。

刘述先著，景海峰编：《理一分殊》，上海：上海文艺出版社，2000年。

刘述先：《全球伦理与宗教对话》，台北（县）：立绪文化出版社，2001年。（简体字版，石家庄：河北人民出版社，2006年。）

——《儒家思想开拓的尝试》，北京：中国社会科学出版社，2001年。

Liu, Shu-hsien: *Essentials of Contemporary Neo-Confucian Philosophy.* Westport, Conn., London: Praeger Publishers, 2003.

刘述先：《现代新儒学之省察论集》，台北："中央研究院"中国文哲研究所，2004年。

——《儒学的复兴》，香港：天地图书公司，2007年。

——《刘述先自选集》，济南：山东教育出版社，2007年。

——《论儒家哲学的三个大时代》，香港：香港中文大学出版社，2008年。

——《儒家哲学的典范重构与诠释》，台北：万卷楼，2010年。

刘述先著，东方朔编：《儒家哲学研究：问题、方法及未来开展》，上海：上海古籍出版社，2010年。

刘述先著，彭国翔编：《儒家思想的转型与展望》，石家庄：河北人民出版社，2010年。